Le LIVRE de POCHE

JEUNESSE

GÉRALDINE KAYE

Géraldine Kaye, auteur de plusieurs romans pour la jeunesse, est anglaise et habite actuellement à Bristol. Elle a vécu et travaillé à Singapour et au Ghana, où elle a séjourné quatre ans. *Café au lait* témoigne de la fascination et de l'affection qu'elle a éprouvées pour ce dernier pays. Ce roman, publié en 1984, obtint en 1985 le prix The Other Award.

CAFÉ AU LAIT

GÉRALDINE KAYE

CAFÉ AU LAIT

Traduit de l'anglais
par Jeanne Bouniort

Illustrations :
Françoise Moreau

HACHETTE
Jeunesse

L'édition originale de cet ouvrage
a paru en langue anglaise
chez André Deutsch Limited, Londres
sous le titre :

GREAT COMFORT

Remerciements

Je tiens à exprimer ma gratitude envers les nombreuses personnes qui ont publié des études sur le Ghana, notamment Margaret Field, auteur de *Social Organisation of the Ga*, mon ex-mari Barrington Kaye, auteur de *Bringing Up Children in Ghana*, Deborah Dellow, auteur de *Women in Accra*, et Christine Oppong, auteur de *Middle Class Marriage*.

Il est difficile de discerner une unité culturelle dans un pays où la population, issue de divers groupes tribaux, n'a pas partout les mêmes coutumes ni la même langue, sans compter les clivages entre les habitants occidentalisés et ceux qui vivent encore comme l'ont fait leurs ancêtres pendant des siècles. Les Ghanéens sont souvent des énigmes pour leurs compatriotes. Un écrivain a un devoir d'exactitude, mais il doit rester libre en fin de compte de laisser œuvrer son imagination, sans quoi il n'y aurait pas de romans.

Enfin, je voudrais remercier tous les Ghanéens que j'ai rencontrés au cours des quatre années passées dans leur pays pour leur amabilité extraordinaire et leur bonne humeur, qui ont fait de ce séjour la période la plus mémorable de ma vie.

1

La lettre était posée sur la table, dans l'entrée. Un carré bleu isolé sur un océan d'acajou brillant. « Est-ce qu'elle était là ce matin? se demande Joy. Et je ne l'aurais pas vue? » Non, c'est impossible. La lettre a dû arriver à la seconde distribution.

Le silence des vacances de la mi-juin est déjà retombé sur l'internat de la Lodge School après l'activité frénétique de la fête de fin d'année. Les pas de Joy résonnent tristement. Les gens vont, les gens viennent. Quelquefois, ils s'en vont pour de bon, songe Joy. Comme Margaret et Ruby. Encore que Ruby ne lui manque pas beaucoup.

Dans le dortoir, elle s'assoit sur le lit à côté de sa valise, les yeux fixés sur la lettre qu'elle tient à la main, avec son timbre ghanéen à fleurs roses. Elle fait durer l'attente. Les lettres et les colis sont toujours moins bien une fois qu'on les a ouverts. C'est une loi de la nature.

Joy a rangé son journal intime sur le dessus de la valise. Pour faire durer un peu plus, elle tourne les pages jusqu'au 14 juin. Puis elle écrit : « *Hier, fête de fin d'année. Goûter de fraises. Tous les parents sont venus, mais pas Mamie et Papi. Mamie n'aime pas les cérémonies.* »

Joy soupire. Elle lèche son crayon et ajoute en gras : « **Une lettre de Manté**. » Elle l'appelle Manté dans sa tête parce que Margaret l'appelait Manté. Quand ils sont ensemble, elle dit « Papa », bien entendu, même si c'est difficile avec quelqu'un que l'on n'a pas vu depuis longtemps et que l'on connaît à peine. En outre, Manté parle toujours du respect envers les grandes personnes et des enfants ingrats qui font de la peine à leurs parents. Il n'aimerait sûrement pas qu'elle l'appelle par son prénom, ce serait trop familier.

« Et si je n'ouvrais pas la lettre, se dit Joy. Combien de temps garderait-elle sa saveur? » Elle sait ce qu'il y a dedans, ou du moins elle le devine, et son cœur bat plus vite.

« Alors, tu ne retournes pas chez toi? interroge Suzanne, entrée en coup de vent pour récupérer sa valise et son blazer.

— Mon papi et ma mamie viennent me chercher, Papi et Mamie Barton », répond Joy avec un sourire un peu gêné.

Elle est presque sûre que Suzanne va demander : « Les Anglais? » A la Lodge School, on pose les questions poliment, indirectement, avec un regard en coin. A Londres, les copains de collège auraient dit : « Les Blancs ou les Noirs? »

Mais Suzanne est trop occupée par ses propres affaires. Elle redescend l'escalier avant même que Joy ait terminé sa phrase.

Des bruits de pas dans l'allée. Une voiture bleue qui attend. « Bonjour. » Des portières qui claquent. La voiture s'éloigne.

Après, le silence revient. Suzanne est partie, Maxine est partie, tout le monde est parti à la maison. Des grains de poussière flottent dans le rayon de soleil. En bas, la pendule de l'entrée fait entendre un tic-tac que l'on remarque seulement la nuit en temps normal.

Joy se demande où est sa vraie maison. La maison, c'est là où on a sa brosse à cheveux, a dit Maxine, qui est tout le temps entre l'Angleterre et Hong Kong. La maison, c'est là où on range ses photos, a dit Suzanne. « Pour l'instant, la maison c'est ma valise », conclut Joy. Elle a besoin de Maxine et Suzanne pour apprendre ce que tous les autres semblent savoir d'instinct à la Lodge School. Avant, elle s'était intégrée sans problème dans divers établissements scolaires de Londres. Avant, elle savait, et la maison, c'était là où était Margaret.

Elle se lève brusquement pour décoller le poster de Bob Geldof[1] au-dessus de son lit. « Les vacances », murmure-t-elle en malaxant les gommes adhésives. Elle met le tout dans sa valise. Ébloui par le soleil d'Afrique, il doit en avoir assez de contempler jour après jour le poster de James Dean au-dessus du lit de Suzanne et celui de Duran Duran au-dessus

---

1. Organisateur des concerts Band Aid destinés à lutter contre la faim dans le monde.

du lit de Maxine. La maison, c'est là où est Bob Geldof. Le monde entier est sa maison.

Joy glisse son pouce sous le rabat de l'enveloppe. La lettre a assez attendu. C'est son tour, maintenant.

Quand un taxi s'arrête au bord du trottoir cinq minutes plus tard, Joy est prête à exploser comme un feu d'artifice. Elle avait bien deviné. Manté lui propose de passer les grandes vacances au Ghana. Peut-être qu'il vaut mieux éviter de parler de cette lettre tout de suite parce que ça ne ferait pas plaisir à Mamie. Quel serait le meilleur moment? Dans le train ou après le dîner, ou alors demain, parce que Mamie se fait une telle montagne de son voyage aller-retour jusqu'à Folkestone.

En bas, dans l'entrée, Mamie parle avec Miss Beale, sur le ton chantant qu'elle emploie dans ce genre d'occasion.

« Ah, vous voilà, Joy! » s'exclame Miss Beale. Elle parle aussi sur un ton officiel, celui des rencontres avec les parents, mais plus enjoué que d'habitude parce que c'est un jour de vacances. Elle a du vernis rose aux doigts de pied dans ses sandales d'été. D'après Suzanne, Miss Beale a un petit ami, c'est évident.

« Fin prête pour le départ, mademoiselle l'étourdie ? Un de ces jours, vous oublierez votre tête ! ajoute-t-elle avec un rire argentin.

— Pardon, dit Joy en souriant. (Elle sourit et demande pardon très souvent.)

— Le taxi nous attend, ma chérie. »

Mamie est nerveuse. Elle pose distraitement un baiser sur la joue de Joy. Derrière elle, Papi hoche la tête, résigné à subir la bousculade du voyage, qu'il déteste.

« Allez, cessez de lambiner, vous deux. Avec un peu de chance, on aura le train de trois heures cinquante-cinq », assure Mamie en ouvrant les bras pour les guider tous deux vers le taxi. Un peu plus tard, tandis que la voiture se dirige vers la gare, elle ajoute :

« Comment ça va, Joy ? La fête s'est bien passée ? Moi, je ne supporte pas ces longs discours, ça non. Il y a des gens qui aiment s'écouter parler.

— Ce n'était pas la peine de venir me chercher, remarque Joy. J'ai quatorze ans, et si tu avais donné ton accord à Miss Beale, j'aurais pris le train toute seule.

— Pourquoi est-ce qu'elle t'a traitée de mademoiselle l'étourdie ? »

Mamie a l'œil vif comme du verre bleu et plein de curiosité.

« Ch'sais pas », marmonne Joy en haussant les épaules, alors qu'elle sait très bien. C'est un avertissement. Miss Beale est du genre lunatique. Dans un de ses mauvais jours, elle s'est mise à courir dans tous les coins de l'internat. Des écriteaux « *Prière d'éteindre la lumière* » et « *Prière de laisser les W.-C. aussi propres que vous aimeriez les trouver* » ont fait leur apparition dans le couloir, et le soir, après l'extinction des feux, on a entendu crier « Taisez-vous, là-haut! » à travers la rampe d'escalier. Une dispute avec son petit ami, d'après Suzanne. Syndrome prémenstruel, d'après Maxine. « Mais est-ce que tout ça n'a pas empiré depuis que Ruby est partie? » se demande Joy.

« Ah! les filles sont toutes pareilles, à vouloir courir avant de savoir marcher, déclare Mamie. Moi aussi, j'étais comme ça. Mais je ne pourrais pas te laisser prendre le train toute seule, ma chérie, je ne me le pardonnerais jamais... jamais... s'il t'arrivait quelque chose... toutes ces horreurs qu'on lit dans les journaux. D'ailleurs, ton papi ne voudrait pas en entendre parler, pas vrai?

— Ça nous fait une bonne sortie, Joy, affirme Papi, conciliant. Le bon air vif de Folkestone. J'ai toujours aimé cette ville. »

Le taxi s'arrête dans la cour de la gare. Papi descend en cherchant son portefeuille, qui semble toujours introuvable dans ces moments-là.

« Tu as payé combien ? demande Mamie, toute rose et fringante sur le quai où le train attend déjà. Les filous ! Ils nous voient venir, ça oui.

— Je pourrais prendre le bus toute seule, ça coûterait beaucoup moins cher. »

Joy insiste, tout en sachant qu'elle perd son temps. Elle perdrait peut-être un peu moins son temps si elle se fâchait, mais il se passe des choses affreuses quand les gens se fâchent.

« Pourquoi...

— Ce serait du propre si on ne pouvait pas faire l'effort de venir te chercher, ma chérie, proteste Mamie, tandis qu'ils s'installent dans le wagon. Tu es notre petite-fille, tout de même. »

C'est une chose qu'elle répète souvent, comme si elle avait besoin de se la rememorer, comme si elle ne s'était jamais vraiment remise de ses émotions après la naissance d'une petite-fille café au lait. C'est du moins le sentiment de Joy. Elle songe à la lettre, tâte la poche de son blazer pour vérifier qu'elle est toujours là. C'est presque du mensonge de ne pas en parler.

« Notre unique petite-fille, renchérit Papi en regardant les vergers par la fenêtre, avec leurs pommes vertes pas plus grosses que des billes. La fille de Margaret, sa petite…

— Pas si petite que ça ! » rétorque Mamie, en essayant de chasser la pensée qui les a traversés tous les trois au même instant. Quelle tristesse, quel chagrin. Mais à quoi ça sert de ruminer?

« Bientôt, tu ne rentreras plus dans ton blazer. Tu aurais dû prendre la taille au-dessus. Tu ne m'as pas écoutée.

— Ça fera trois ans demain », chuchote Joy.

Le 15 juin. Et dire qu'elle a failli oublier ! Elle entend encore la collision, comme cent couvercles de poubelles refermés en même temps, et le long, long silence qui a suivi. Au début, elle en rêvait toutes les nuits. Plus maintenant. A présent, elle sait au fond d'elle-même ce qu'elle avait refusé d'admettre : Margaret a perdu la vie ce matin-là à Kensington, il y a trois ans. Margaret, sa mère, est morte.

Penfold, le village du Kent où ses grands-parents habitent depuis que son papi a pris sa retraite, a subi une métamorphose complète en l'espace de six semaines, depuis les vacances de Pâques. De grandes herbes piquetées de boutons d'or recouvrent l'esplanade gazonnée. Les deux hêtres plantés pour commémorer la victoire du 8 mai 1945, encore nus le jour de son départ, sont entièrement couverts de feuilles cuivrées. Les myosotis et les giroflées qui tapissaient l'allée du Smithy Cottage sont fanés et le rosier Albertine, le chouchou de Papi, a des centaines de boutons rose saumon qui deviennent d'un blanc crémeux en s'épanouissant, et emplissent le jardin de leur parfum.

« Enfin rentrés, Dieu merci ! soupire Mamie, tout agitée par le voyage. Et maintenant, je dois m'occuper du dîner.

— Je peux t'aider? propose Joy, tout en se demandant si le Smithy Cottage est sa maison, une de ses maisons.

— Le poinsettia que tu nous as offert à Noël nous fait beaucoup d'honneur, annonce Papi, en désignant du menton des feuilles encore éclaboussées de rouge. Une pure merveille.

— Non, ma chérie, j'ai tout préparé avant de partir, dit Mamie. J'en ai pour une seconde à faire chauffer la soupe. Monte ta valise, on n'a pas besoin de voir traîner tes affaires dans le salon, hein ?

— Okay. Pardon, Mamie. »

Okay est le mot préféré de Joy depuis qu'elle a découvert qu'il vient de l'africain *okeah*. Mais ce n'est pas le mot préféré de Mamie.

Papi s'est retiré dans son abri de jardin, en compagnie de sa pipe et des semis. L'escalier s'enroule en spirale dans le mur épais de la villa comme dans un bus à impériale. Joy monte d'un pas lourd jusqu'à la chambre aménagée sous le toit. On dirait une tente canadienne, avec un plafond en pente des deux côtés, et même au milieu, Joy le touche presque avec le sommet du crâne. Des lucarnes donnent sur l'avant et sur l'arrière de la villa. Tout paraît minuscule. Une vraie maison de poupée à côté du collège.

Les vacances et la liberté. Plus de sonnerie pour indiquer l'heure du lever le matin et l'heure du coucher. Plus d'amende de deux *pence* quand on oublie les chaussures de gym. Joy saute deux fois sur le lit, puis elle enlève sa robe en vichy vert et son blazer vert foncé, tel un serpent qui perd son ancienne peau. L'alliance que Margaret portait accrochée à un cordon autour du cou sans jamais s'en séparer heurte son menton lorsqu'elle se penche pour chercher un jean et un tee-shirt grenat dans la commode. Le tee-shirt serre trop. Elle l'étire sur le devant. Elle a beaucoup grandi depuis l'été dernier. Et si son corps se transforme au-dehors, il y a aussi des changements au-dedans, dans les pensées et les sentiments.

L'ennui, c'est qu'elle ne sait plus de quoi elle a envie, elle ne sait même plus où elle en est, parce que, elle était contente il y a un instant, et la voilà furieuse. Personne n'a jamais été aussi furieux. Du temps de Margaret, elle disait et faisait à peu près ce qu'elle voulait, les choses qui lui venaient naturellement. A présent, elle doit faire ce qui plaît à Mamie et ce que veut la Lodge School, et personne ne lui demande jamais son avis. Quelquefois, Joy a envie de hurler comme avant-hier, quand Miss Beale est entrée soudain dans la salle de bains. « Joy Kwatey-Jones, vous savez très bien que ce n'est pas votre tour pour la douche du soir. Alors, de quel droit est-ce que vous vous lavez la tête? » A cause de Ruby, Joy n'a pas hurlé. Elle a simplement répondu en souriant : « Pardon, Miss Beale, j'avais oublié. Pardon. »

Ruby, c'était encore autre chose. Il n'y a pas beaucoup de Noires à la Lodge School, deux filles plus âgées, originaires du Malawi, qui ne se quittent jamais, et trois Antillaises dans la classe de Joy : Ruby, Joleen et Charlene. Ruby expliquait, non sans une pointe d'orgueil, que le conseil de tutelle l'avait envoyée là, qu'il payait sa pension et tout, qu'il s'était réuni exprès, mais oui, personne d'autre ne pouvait faire face à ses terribles colères, c'était comme ça.

« Que faites-vous, Ruby Watts? a demandé Miss Beale, un jour où elle était mal lunée.

— A votre avis, Miss? a rétorqué l'insolente Ruby.

— Vous savez très bien que vous vous lavez

la tête justement quand ce n'est pas votre tour pour la douche du soir.

— Oh, ça va ! Je me lave la tête quand je veux.

— Je vais être obligée de téléphoner à votre assistante sociale », a averti Miss Beale d'un ton exaspéré.

Tout d'un coup, Ruby s'est déchaînée. Le tabouret a volé à travers la vitre pour atterrir sur le trottoir dans un grand bruit de verre. Un peu plus tard dans la soirée, Ruby est partie. Dans un centre d'éducation spéciale, a dit quelqu'un, mais personne ne sait rien de précis, sauf qu'elle ne reviendra jamais. Ça fait un mois que Ruby est partie. Il se passe des choses affreuses quand les gens se mettent en colère, Joy le sait depuis le début, et Ruby en est la preuve.

L'uniforme vert jeté par terre prend des allures accusatrices. Elle le fourre dans un tiroir qu'elle ferme d'un coup sec. Puis elle pose sa brosse et son peigne sur la coiffeuse, histoire de confirmer que le Smithy Cottage est sa maison, et elle colle Bob Geldof au-dessus du lit, assez haut pour qu'il profite de la vue sur la petite église en pierre enveloppée d'ifs et de marronniers, avec le vaste panorama des marais derrière. Toute cette eau, ça lui plairait sûrement, ça change de l'Afrique. Reposant.

Les photos, prises dans le patio de Hillside Estate au Ghana, font très bien autour de la glace de la coiffeuse. Manté, en pantalon et chemise d'une blancheur éclatante, fait un large sourire. Efua, sa belle-mère, un bonnet d'hôtesse de l'air incliné sur le front, arbore un sourire professionnel. Le petit Yeo Peter tient dans ses bras Lambkin, le jouet que Joy lui a envoyé pour ses deux ans.

Yeo a dû grandir. Il a presque trois ans maintenant. Son seul frère. Pas étonnant qu'elle ait tellement envie de le voir. Un enfant hérite son corps de sa mère et son esprit de son père, a dit Manté. Alors, elle et Yeo ont le même esprit. Est-ce qu'ils se ressemblent? Joy scrute la photo. Elle a la peau plus claire, évidemment, puisque sa mère Margaret était blanche. Les yeux sont pareils, c'est sûr, de grands yeux ronds comme des grains de raisin noir. Et pourtant pas tout à fait pareils. Yeo a un regard étrange, un peu triste. Tandis que Joy a le même regard que sa mère, pétillant de malice, malgré la différence de couleur, car elle a les yeux noirs et Margaret avait les yeux bleus.

Une soupe à la tomate qui mêle ses effluves au parfum d'Albertine l'attire à la fenêtre. Des kilomètres de plaine verdoyante, et puis la mer et un horizon plus immense que partout ailleurs, semble-t-il. En bas, Mamie sort sur le perron et fait sonner la cloche pour Joy. C'est une cloche de vache qu'elle a achetée à l'occasion de vacances en Suisse. Juste après, elle fait sonner l'autre cloche, devant la porte de la cuisine, pour appeler Papi dans l'abri de jardin, accomplissant ainsi un rituel invariable.

Papi la félicite en se frottant les mains :

« Tu as fait vite. On a une faim de chasseurs, pas vrai, Joy?

— J'avais tout préparé avant de partir », répond Mamie, heureuse du compliment.

Elle tend des bols de soupe fumants à travers le passe-plat. Le jambon, la salade et le pain complet sont déjà sur la table.

« Je prépare toujours le repas à l'avance quand je sais que je vais être fatiguée. Mais je n'ai pas fait de croûtons. »

Mamie ferme le passe-plat et revient dans la salle à manger.

« Vous n'allez pas me réclamer des croûtons, vous deux, quand j'ai fait tout le trajet jusqu'à Folkestone, plus le retour, à mon âge, s'insurge-t-elle comme s'ils avaient protesté. Il faudra vous passer de croûtons ce soir.

— C'est meilleur comme ça, affirme Papi.

— Je pourrais très bien prendre le train toute seule, murmure Joy, pour la deuxième fois de la journée et au moins la dixième fois de l'année. Bon, il y a des filles qu'on vient chercher en voiture, mais...

— Je crois que tu ne comprends pas très bien, commence Mamie, la cuiller à soupe à la main. Tu deviens... une grande fille... et les jeunes filles... enfin, quoi, on ne peut plus se fier à personne de nos jours.

— Moi, si, répond Joy.

— Ce n'est pas la peine de faire l'insolente.

— Pardon.

— Tu ne vas pas nous priver de notre sortie au bord de la mer, Joy! plaisante Papi en lui faisant un clin d'œil. On n'a pas d'autre occasion d'y aller.

— C'est un peu loin pour aller au bord de la mer, rétorque Mamie. Mets ta serviette dans ton col, Bartie, s'il te plaît. J'ai assez de choses à faire demain sans avoir en plus à enlever les taches de soupe sur ta cravate.

— En tout cas... »

Joy a une drôle de voix. Elle déteste voir les gens se fâcher. Il se passe des choses affreuses quand les gens se fâchent et prononcent des paroles impardonnables. Ce qu'elle déteste le plus, c'est que Mamie se fâche contre Papi qui ne dit jamais un mot plus haut que l'autre.

« En tout cas..., reprend-elle, en renonçant à attendre le bon moment, car ce ne sera jamais le bon moment. En tout cas, j'ai reçu une lettre.

— Une lettre? » répète Mamie.

Elle pose sa cuiller à soupe, et manque la faire tomber sur la table. Son visage pâlit comme si elle savait déjà ce qu'il y a dans la lettre. Comment peut-elle savoir?

« Et il faudra que je m'habitue à voyager toute seule parce que mon père veut que j'aille passer les vacances d'été au Ghana. Il écrit au collège et il envoie le billet dans quinze jours. Tout est réglé.

— Réglé? »

Mamie se tamponne les lèvres avec sa ser-

viette, essuie deux gouttes de soupe qui ont giclé sur la table cirée. Il y a un long silence.

« Personne ne m'a rien dit. Après ce qui s'est passé l'an dernier, cet été chamboulé… tout annulé à la dernière minute… la déception…

— Mais il n'y pouvait rien. Efua était à l'hôpital. Quand les gens sont malades et qu'ils annulent tout, ce n'est pas leur faute, quand même ? En plus, Papi m'a envoyée au stage de canoë. Finalement, je n'ai pas été déçue. »

Joy s'exprime très vite. Elle est mal à l'aise quand Mamie parle de Manté, on voit bien qu'elle ne l'aime pas, ça non.

« C'était super, le stage de canoë. »

Oui, mais elle était déçue. Elle avait pleuré toute la nuit, le visage enfoui dans l'oreiller parce que Mamie et Papi dormaient juste au-dessous et qu'il y avait de grosses fentes entre les lattes du parquet de chêne. Une tragédie, ce mariage, avait dit Mamie. Joy l'avait entendue distinctement. Rien que des ennuis depuis le début jusqu'à la fin.

« Tu n'auras pas de stage de canoë cette fois si on te déçoit encore, jeune fille. Ne compte pas là-dessus. »

Mamie se ressaisit soudain et débarrasse les

bols. Une tache rose vif apparaît sur chacune de ses joues.

« Ton papi n'est pas cousu d'or.

— Je sais… »

Joy essaie de trouver les mots justes. C'est affreux de faire du chagrin à Mamie qui fait de son mieux, écrit toutes les semaines, lui a appris à préparer les spaghettis bolognaise et le gratin de pommes, lui achète ses vêtements et coud les étiquettes à son nom. Mamie qui s'intéresse tellement à tout, qui épluche son bulletin, qui voudrait qu'elle soit première, qui veut qu'elle passe toutes les vacances au Smithy Cottage.

« C'est que… c'est que… Efua va avoir un bébé en août et ils veulent que j'y aille… Le bébé est mon petit frère ou ma petite sœur… Et puis il y a mon autre grand-mère à Wanwangeri, elle veut me voir, elle aussi, et c'est bien toi qui dis toujours qu'il faut respecter les droits des grand-mères, non ? »

Joy sourit ingénument, alors qu'elle ne se sent pas du tout ingénue, car les choses sont loin d'être aussi simples que ça. Grand-Maman, à Wanwangeri, n'a-t-elle pas demandé que Joy aille là-bas définitivement ?

« Bien sûr que tu dois y aller, dit Papi d'un ton bourru. Tu seras avec ton père… ta famille… ton petit frère.

— Et nous, qu'est-ce qu'on est, s'il te plaît? demande Mamie avant de mettre un cube de jambon dans sa bouche.

— Vous êtes aussi ma famille, répond vivement Joy. Ma famille anglaise. »

Un enfant a sa place dans sa famille, a dit Manté. Quand on a deux familles dans des pays différents, où a-t-on sa vraie place?

« Encore des déceptions, voilà comment ça va finir, grogne Mamie au bord des larmes. Tu ne diras pas que je ne t'avais pas prévenue. Te mettre à sa botte, voilà ce qu'elle va faire, ta belle-mère, se faire servir comme une princesse… Je connais ces gens-là… mais tout le monde se moque de ce que je peux bien penser… tout le monde.

— Mais non, assure Papi. C'est juste pour deux mois. On peut bien prêter notre Joy pour les grandes vacances.

— Bon, eh bien, vas-y alors! déclare Mamie d'une voix tremblante de menaces.

— J'écrirai toutes les semaines, promis. »

Joy déteste que les gens aient du chagrin. Il

se passe des choses affreuses dans ces moments-là, mais que faire ?

« Okay, Mamie ? Oh, pardon ! »

Dehors, le portail du jardin grince. Lettie Stamp s'avance sur l'allée à grands pas, un large sourire aux lèvres. Sa robe bleue lui descend sous les genoux, ce qui lui laisse de la marge pour une année de croissance.

« Celle-là, c'était sûr qu'elle s'amènerait sans nous laisser le temps de dire ouf, grommelle Mamie.

— Je m'en charge. »

Joy, soulagée, se lève d'un bond dès qu'elle entend sonner à la porte.

2

« Alors, tu es là. »

Lettie sourit et glisse son bras sous celui de Joy pour traverser l'esplanade. Leurs pieds font bruire le gazon.

« Ça fait vraiment plaisir de te voir. C'est tellement loin, Pâques, des siècles.

— Une éternité », acquiesce Joy.

Elle esquisse un sourire timide en jetant un regard oblique. Elle est contente de voir Lettie, et encore plus contente que Lettie, la seule fille de son âge à Penfold, soit contente de la voir. Seulement, il faut faire attention à ce qu'on dit, avec Lettie. Elle prend la mouche pour un rien, et c'est toujours imprévisible. Elle commence par se répandre en injures, et ensuite elle boude pendant plusieurs jours. Il faut faire attention avec tout le monde, mais c'est différent chaque fois, songe Joy. Elle fait attention différemment avec Maxine, et ce qui est bon pour Mamie à Penfold n'est pas bon du tout pour Grand-Maman à Wanwangeri. Depuis la lettre de Manté, elle pense beaucoup à Grand-Maman de Wanwangeri.

« Je crois que ta mamie ne m'aime pas, bougonne Lettie, qui espère un démenti.

— Je crois qu'elle ne m'aime pas beaucoup non plus. »

Joy est la première étonnée d'avoir répondu comme ça. C'est méchant, ce qu'elle vient de dire. Et malgré tout, elle se demande si ce n'est pas vrai. Lettie est choquée.

« Qu'est-ce que tu es moche ! Bien sûr qu'elle t'aime. Elle est bien obligée de t'aimer, qu'elle le veuille ou non, puisque tu es sa petite-fille. Elle est obligée de t'aimer.

— Heum », murmure évasivement Joy.

Aller la chercher à Folkestone et désirer

qu'elle soit première de la classe, c'est une façon de l'aimer, sans doute. Essayer de la garder pour soi, c'est une façon de l'aimer. De toute façon, les gens ne dominent pas leurs sentiments, il ne faut pas leur en vouloir.

Joy regarde l'école, dans la douce lumière du soir aux reflets couleur d'abricot. Son arrivée il y a trois ans a fait du bruit à Penfold et captivé les imaginations. Personne au village n'avait jamais vu une seule Noire, sauf à la télévision. Les enfants ouvraient tout grands leurs yeux bleus comme l'océan ou gris comme l'eau. Joy a l'habitude. A Londres, les gens la dévisageaient et en plus ils écrivaient sur les murs des choses du genre : « *La Grande-Bretagne aux Blancs.* » Ou : « *Dehors, les Noirs !* » Qu'est-ce que ça veut dire pour quelqu'un comme Joy, qui est née à Londres ? La première fois qu'elle est venue à Penfold, tous les enfants de l'école ont fait son portrait, des peintures d'un visage noir punaisées partout sur les murs de la classe, des dessins d'enfants, mais il y a longtemps que ces peintures sont parties à la poubelle et tout le monde s'est habitué à Joy depuis deux ans qu'elle passe toutes les vacances au village.

« Bonsoir, euh, Joy. Alors, finie, l'école ? »

M. Watkins lui fait un signe de tête amical. Il se rend à l'auberge Woolpack, un long bâtiment bas sur une légère pente du terrain en face de l'église.

« Quelle charmante soirée, euh, Joy ! »

M. Jarrett prend la même direction. Le gravier de l'allée crisse sous ses pas. Ses yeux s'attardent sur le tee-shirt moulant de Joy, s'y attachent comme du papier collant. Il a les lèvres humides.

« On se rince l'œil ? » s'indigne Lettie, puis elle éclate de rire en le voyant trébucher sur le pas de la porte. « Vous feriez bien de regarder où vous mettez les pieds, Frank Jarrett ! »

Joy croise les bras en se tenant les coudes. Elle sourit, mais elle a détesté le regard impudique de M. Jarrett et ses yeux luisants. A l'internat, ces choses-là n'arrivent jamais, on n'a pas l'occasion de s'y habituer.

A Wanwangeri, des hommes comme M. Jarrett, des hommes instables arrivés à la cinquantaine, épousent des jeunes filles. Joy n'a pas envie de devenir la seconde épouse de qui que ce soit. Non merci. Jamais de la vie.

« Le cochon ! peste Lettie, devenue cramoisie. Qu'il ose seulement me reluquer comme ça ! Allons dans le cimetière, on sera plus tranquilles. »

Elles pénètrent dans l'ombre des grands marronniers qui bordent le cimetière.

« Tu crois qu'on peut ? s'inquiète Joy. Le pasteur a dit que...

— Pour qui il se prend ? proteste Lettie en s'arrêtant au porche du cimetière pour scruter l'allée qui mène au presbytère. Je fais partie de la chorale, bon, et j'ai habité ici toute ma vie, et mes grands-parents et les arrière-grands-parents depuis des siècles, alors, ce n'est pas le pasteur qui va me dire si j'ai le droit de me promener dans le cimetière, cet étranger à la noix qui a débarqué ici, même qu'il n'est là que depuis sept ans !

— Heum... »

Joy se demande pourquoi Lettie monte sur ses grands chevaux à tout bout de champ. Est-ce qu'elle se serait encore plus fâchée si Frank Jarrett l'avait regardée, elle ? Ou moins fâchée ?

L'église se dresse sur un coteau qui sépare le village de la plaine marécageuse, derrière. Lettie se juche avec des airs de propriétaire sur le bord de la tombe de sa grand-mère, dont le nom, Letitia Stamp, est gravé et peint en doré.

Elle fait signe à Joy de s'asseoir à côté d'elle. Le marbre est froid, mais le vieux mur en pierre de l'église derrière elles restitue la chaleur accumulée dans la journée. Sa surface grise rugueuse se couvre d'un motif chiné, vert mousse, rouille, ocre et turquoise clair. Après, il y a un verger où des moutons paissent sous de rares pommiers noueux. Au-delà s'étendent les marais de Romney, des carrés verts et marron quadrillés par les talus et rigoles du système d'écoulement des eaux. Et encore au-delà, très loin, il y a la mer, un trait gris lumineux aussi brillant que l'argent.

Au bout d'un moment, Joy demande :

« Alors, raconte-moi les nouvelles du village. »

Elle n'a pas envie de parler de la lettre, pas encore, pas avec Lettie dans tous ses états. Forcément, Lettie le prendra mal, elle n'appréciera pas du tout que Joy s'en aille en Afrique. Ces temps-ci, Lettie prend tout très mal.

« C'est calme, soupire Lettie d'un air dégoûté. Il ne se passe jamais rien dans ce bled. »

Ses épais sourcils noirs se rejoignent au-dessus de ses grands yeux verts comme des groseilles à maquereau.

« Mme Watkins a eu un autre bébé, notre Alan s'est marié, on construit des logements sociaux sur le terrain de la paroisse. (Elle compte sur ses doigts.) Et toi? Toujours amie avec cette Chinoise?

— Maxine? »

Joy se méfie. Ses autres amies, les copines du collège, c'est encore un de ces sujets délicats qu'il vaut mieux éviter.

« Ben oui, quoi, Maxine. Partie à Hong Kong pour les vacances de la mi-juin, c'est ça? Ils sont tous pleins aux as, ces Chinois. »

Lettie tire le bas de sa robe sur ses genoux. Le tissu bleu vif a des reflets métalliques qui le font ressembler à une carte postale du bord de mer, dans les rayons du soleil.

« Elle s'est fait inviter chez un oncle qui a un restaurant à Soho, rectifie Joy.

— Moi, j'ai horreur de la cuisine chinetoque, grimace Lettie. Comment il s'appelle, le restau de son oncle?

— *New World*, je crois.

— Ah oui, un nouveau monde, avec tous ces Pakistanais et ces immigrés qui entrent comme ils veulent dans le pays.

— En tout cas, Maxine n'est qu'à moitié chinoise, sa mère est eurasienne. »

Joy a l'air de vouloir excuser son amie.

« Ha, ha ! dit Lettie. Qu'est-ce que ça change pour nous ? Mon père pense que ce n'est pas bien de laisser venir tous ces gens de Hong Kong, ils sont partout, ils remplissent les écoles et ils nous prennent nos emplois. (Elle tourne la tête vers Comfort.) Tu crois que c'est bien ?

— Faut voir. »

Joy a l'habitude de ces escarmouches avec le père de Lettie par personne interposée, et elle a l'habitude d'esquiver. C'est comme ça qu'elle doit se comporter en Angleterre, c'est sa façon d'être. De toute façon, ça ne servirait à rien de se disputer avec Lettie qui bondit comme une sauterelle d'un côté, puis de l'autre, si bien que ça ne mène nulle part, on s'énerve pour rien. En plus, si elle se met à bouder, ça va durer assez longtemps pour gâcher les petites vacances de la mi-juin. On ne gagne jamais avec Lettie.

« Un sacré toupet, je te dis. (Lettie arrache un brin d'herbe et le mordille pensivement.) Ils envahissent nos pensionnats les plus chic, et nous, les enfants anglais, qu'est-ce qu'il nous reste ? Les collèges publics.

— Mais je suis dans un collège public... La Lodge School est réservée aux filles dont les parents sont expatriés et tout ça, explique Joy pour la énième fois. Pourquoi est-ce que tu imagines que c'est chic ou je ne sais quoi ?

— Bon, bon, alors on le paie avec nos impôts, c'est ce que dit mon père, n'importe comment. (Lettie gigote nerveusement.) Tu sors avec des garçons ?

— Des garçons ? Pas vraiment.

— Tu crois que tu te marieras avec un Noir ou un Blanc ?

— Ch'sais pas, moi. »

Joy hausse les épaules en souriant, mais elle trouve la question horripilante. Avant, il n'y avait rien de mal à être noir. Margaret était tombée amoureuse de Manté et elle l'avait épousé. Mais être noir, ce n'est pas une raison suffisante pour aimer quelqu'un, et à la Lodge School, ça l'embête que les autres s'attendent toujours qu'elle devienne l'amie des autres Noires, comme Ruby, Joleen ou Charlene. Au début, après avoir manqué la classe pendant un an, Joy était dernière au classement, mais elle était cinquième au bout d'un an et maintenant elle est deuxième. Maxine est première. Maxine est très forte, et elle travaille beaucoup. Si Joy ne peut pas devenir l'amie d'une fille juste parce qu'elle est noire, comment pourrait-elle aimer un garçon pour cette seule raison? Winston Silcott est noir, par exemple.

« Bien sûr que tu ne sais pas, mais tu dois y penser, non? »

Lettie a raison. Joy ne peut pas s'empêcher d'y penser, pas plus qu'elle ne peut s'empêcher de penser au blond de la chorale qui lui a fait un sourire pendant l'homélie. Depuis, il n'a cessé de voleter dans sa tête tel un papillon jaune. Quelqu'un a dit qu'il s'appelait Martin. Bob Geldof habite ses pensées. Avant, c'était Kwamé, fils de Sika, le chef du village à Wanwangeri. Ils ont grimpé ensemble à un manguier, Joy et Kwamé, et ils se sont assis côte à côte dans l'intimité précaire du feuillage. C'était il y a longtemps, elle avait onze ans à l'époque.

« Ça dépend peut-être de qui veut se marier avec toi? » demande Lettie.

Joy ne répond pas. Elle regarde ses jambes et trace un sentier sur son mollet brun avec le bout du doigt, exactement comme elle l'a vu faire à Kwamé. Ils ne se sont pas embrassés. A Wanwangeri, le gens ne s'embrassent pas.

« Je veux dire, reprend Lettie en lui jetant un coup d'œil rapide, je veux dire, tout le monde n'est pas prêt à épouser une Noire, hein? Notre Alan refuserait, ça je le sais. Les crottes en chocolat, voilà comment on les appelle au collège. Aucun garçon au village ne voudrait se marier avec une crotte en chocolat, j'imagine.

— Ça va », murmure Joy d'une voix étranglée.

Lettie fait exprès d'être méchante, venimeuse. Les gens ont cette attitude quand ils ont peur ou quand ils sont malheureux, a dit Margaret. Joy est en colère, mais il ne faut surtout pas le montrer. Et si elle se mettait à hurler et à jeter des objets, comme Ruby? Il se passe des choses affreuses quand les gens se mettent en colère comme une certaine nuit à Brixton, il y a des années, les cris, les incendies et le verre brisé dans la rue. C'est mauvais pour tout le monde. Maintenant, Ruby est partie. Elle a disparu.

« C'est pas pour dire, mais tu dois penser aux enfants, non? Tu connais l'histoire de la femme qui a des quadruplés, un Noir, un Blanc, les deux autres à rayures. »

Lettie pouffe de rire. Joy sourit faiblement.

« Crottes en chocolat, caramels, nougats, bonbons, esquimaux », récite-t-elle dans sa tête.

« Tu ne devrais pas dire des choses comme ça.

— Et pourquoi donc ? On est dans un pays libre, que je sache !

— Parce que c'est nul.

— Qui est nul ? se regimbe Lettie. Ce culot ! En tout cas... il y a une chose que je dois te demander. »

Lettie jette un regard de conspirateur par-dessus son épaule. Il n'y a que de l'herbe et des tombes, du granit très ancien, du marbre blanc de l'époque victorienne et de la pierre synthétique moderne. Ses yeux, ronds et verts, semblent devenir légèrement globuleux.

« Tu l'as fait ? »

Joy secoue la tête.

« Non ? C'est vrai que tu n'es pas aidée, dans un collège sans garçons. »

Après cette remarque apitoyée, Lettie se tait un instant et change de tactique.

« Moi non plus, dis-toi bien. Ma mère me tuerait, tu ne crois pas ? Je sais qu'elle fouille ma table de nuit tous les mois. Ils sont tous moches, les garçons du collège. Moi, je ne peux pas les pifer. Et les profs ont une dent contre moi, et mon père m'enguirlande tout le temps à cause des mensonges qu'ils écrivent sur mon bulletin. (Lettie pousse un énorme soupir.) S'ils croient que je vais continuer! A seize ans, au revoir. Je veux faire mes trucs à moi. »

Des hirondelles traversent le cimetière à toute vitesse, dans les deux sens, et attrapent des insectes au vol. Les marronniers projettent des ombres noires qui s'allongent de plus en plus. Les hirondelles aussi vont en Afrique. « Est-ce qu'elles seront parties avant mon retour? » se demande Joy. Elle se sent bien à Penfold maintenant qu'elle connaît tout le monde, qu'elle sait qui est le cousin de qui. Mais un village ne se limite pas à ses habitants du moment, il y a aussi les habitants d'autrefois, qui ont créé les champs et les maisons, les gens qui sont venus et s'en sont allés. Ce sont des Romains qui ont asséché les marais, a dit Papi. Ils sont partis en les laissant assainis. Ils ont également laissé les yeux bruns qui surgissent çà et là dans une population où dominent le bleu et le gris. Bob, le petit frère de Lettie, n'a-t-il pas les yeux marron? Sans doute qu'il y a du sang romain dans la famille de Lettie, mais cette idée ne doit pas leur plaire.

« Qu'est-ce que tu feras si tu arrêtes tes études ? demande Joy.

— Qu'est-ce que j'en sais ? (Lettie secoue les épaules, comme pour faire tomber un lourd fardeau.) Je prendrai un emploi de vendeuse, je ne suis pas contre. Ou de coiffeuse, je ne suis pas contre. Je me retrouverai sans doute au chômage. Forcément, quand on est en classe de soutien. Surtout avec ces immigrés qui prennent tous les bons boulots. Et toi, qu'est-ce que tu vas faire ?

— Je ne sais pas encore. »

Joy bouge un peu. Elle sent l'alliance sur sa peau, et elle entend la voix de Margaret : « Tu deviendrais neurochirurgien que ça ne m'étonnerait pas, Joy Jones. » Elle plaisantait, bien sûr. Quoique… Joy est bonne en physique et en maths. Mamie veut qu'elle fasse des études brillantes. Et l'an dernier, deux anciennes élèves de la Lodge School sont entrées en médecine. Mais il ne faut pas dire ce genre de chose à Lettie. Avec Lettie, il faut faire l'idiote. Suzanne dit que l'astuce, c'est de faire l'idiote avec les hommes. Mais Maxine dit que les filles qui gagnent bien leur vie se trouvent plein d'hommes.

« On va attraper des hémorroïdes si on reste là, déclare Lettie sans se lever pour autant. Évidemment, tu es bonne élève, c'est ça, le problème. Tu feras sans doute prof.

— Sûrement pas.

— Tu paries ? »

Lettie, le menton dans la main, regarde les marais. Le soleil couchant se reflète dans ses grands yeux. On dirait des petites flammes roses.

« Les gens comme toi prennent tous les bons boulots et nous laissent les plus pénibles. C'est ça, leur nouveau monde.

— Vendeuse ou coiffeuse, ce n'est pas si pénible que ça, hasarde Joy, au risque de voir Lettie s'éloigner soudain d'un pas rageur.

— Rien n'est pénible tant qu'on n'a pas à le faire, réplique Lettie d'un ton agressif. C'est ce que mon père dit, n'importe comment.

— Moi, mon père m'a invitée au Ghana pour l'été. »

Joy commence à en avoir assez de la maussaderie compliquée de Lettie. En fait, elle ne voulait pas parler de ça avant la fin des petites vacances.

« Je n'aimerais pas être à ta place, déclare Lettie en mimant un frisson d'horreur. Les endroits pleins de serpents et de scorpions, très peu pour moi. Des fois qu'ils ne te laisseraient pas rentrer.

— Mais si. Il faut bien que je fasse ma scolarité, non?

— A la casserole! (Lettie se tord de rire.) Tu ne discutes pas avec un homme affamé quand il va te manger. A la casserole!

— C'est idiot.

— Qui est idiot? demande Lettie en avançant la lèvre inférieure d'un air vengeur, avant d'éclater de rire à nouveau. Certains sont des cannibales, non? Et ils crèvent de faim en Afrique, on nous en a parlé au collège, on a parlé de Bob Machin-chose. A la casserole. (Lettie passe ses deux mains sur son visage pour le lisser et se donner un air grave.) Pardon.

— Au Ghana, il y avait une civilisation ancienne... un empire... pendant qu'ici, ils en étaient encore à se peindre le corps en bleu. Mon père prépare un livre à ce sujet.

— C'est vrai? (Lettie se lève et s'étire.) Je lui souhaite bonne chance. Quand est-ce que tu retournes en classe?

— Mercredi.

— Sans blague ! s'exclame Lettie, d'un ton à la fois triomphant et un peu ennuyé. Nous, on a toute la semaine. Je vais cueillir des fraises. On se fait un paquet d'argent, à cueillir les fraises. Tu veux venir ?

— Je veux bien.

— Je ne t'ai pas fait de la peine au moins ? »

Il fait presque nuit quand Joy rentre au Smithy Cottage. Des chauves-souris zigzaguent dans la pénombre et les marronniers se découpent en noir sur l'orange pâlissant du ciel, au loin. Des carrés de lumière jaune apparaissent aux fenêtres des villas tout autour de l'esplanade gazonnée.

« Tu as vu l'heure ? » demande Mamie en regardant par-dessus ses lunettes. Elle lit, une tasse de lait chaud à la main, et Papi en fait autant.

« Tu devrais être au lit depuis longtemps, à ton âge.

— Pardon.

— Elle est en vacances, murmure Papi.

— Vacances ou pas, une jeune fille de son âge ne doit pas rester dehors toute seule à des heures pareilles.

— Je n'étais pas seule. J'étais avec Lettie.

— Cette gamine... (Mamie lève les yeux de manière éloquente vers les poutres du plafond.) Cette Lettie Stamp. Je t'ai déjà réchauffé deux fois ton Ovomaltine.

— Pardon. »

Pourquoi faut-il qu'elle demande pardon tout le temps, alors qu'elle enrage encore au-dedans ?

« Pourquoi est-ce que tu es toujours après moi ?

— Comment ? demande Mamie en se raidissant.

— J'ai dit que j'aimerais bien que tu cesses d'être toujours après moi, répond Joy d'une voix plus forte.

— Depuis quand est-ce qu'on parle comme ça à sa grand-mère ? (Mamie a les joues toutes rouges.)

— C'est fatigant d'avoir sans arrêt des observations. »

Joy a parlé sans conviction, d'une voix défaillante. Ce n'est pas juste de se fâcher contre Mamie uniquement parce qu'elle n'a pas osé se fâcher contre Lettie. Uniquement parce qu'elle sait que Mamie ne la laissera pas tomber, quoi qu'il arrive.

Dans la cuisine, elle verse le lait dans la tasse déjà préparée et pose bruyamment la casserole dans l'évier. Les vacances, ça signifie qu'il n'y a plus de sonnerie pour indiquer l'heure du lever et l'heure du coucher, mais ça ne veut pas dire qu'on fait ce qu'on veut.

« On devrait profiter de la petite tant qu'elle est là. »

Le chuchotement bougon de Papi lui parvient à travers le passe-plat.

« Tu la gâtes trop, ronchonne Mamie. Comme tu as gâté notre Margaret, et tu vois où ça mène. C'est un mauvais service à lui rendre… surtout une enfant comme Joy. »

Dans sa chambre sous le toit, Joy s'assoit au bord du lit avec son journal. 15 juin. « *Je déteste Lettie. Comment ose-t-elle ? Je la déteste, je la déteste, je la déteste. Je déteste Mamie.* » Elle écrit tout petit, en appuyant bien sur le crayon. Un journal intime, c'est fait pour dire la vérité. Mais ce n'est pas la vérité. Enfin, c'est un peu la vérité quelquefois. Mais le fait de l'écrire, on dirait que ça change les choses, que ça chasse la colère. Joy regarde fixement les petites lettres serrées, puis elle commence à les remplir au crayon pour les transformer en mini-briques grises. Margaret n'a jamais détesté personne. Les gens sont comme ils sont, ils n'y peuvent rien, disait Margaret, et c'est très bien comme ça.

Joy mordille son crayon. Il reste de la place sur la page. Dehors, la nuit est tombée, la fenêtre forme un carré noir. Un papillon voltige autour de l'abat-jour en battant des ailes. Elle cherche une inspiration dans les photographies : le blanc éclatant de la chemise de Manté, Yeo et son agneau en peluche, Efua souriant sous son bonnet de Ghana Airways, Bob Geldof sur le poster, là-haut, mal rasé. Dans l'ombre, on dirait presque un Noir. Joy chantonne dans sa tête *This is the World Calling.* Elle se demande ce qu'elle veut, au juste.

« *Aller en Afrique* », écrit-elle. Voilà ce qu'elle veut. « Aller voir Manté. » Ça aussi, c'est ce qu'elle veut. C'est lui qu'elle aime. « Et Yeo. » Voir Yeo, c'est ce qu'elle désire le plus au monde, voir son petit frère qui a presque trois ans. C'est normal, non ? Si les gens héritent leur esprit de leur père, elle et Yeo ont le même esprit.

3

Joy progresse régulièrement le long d'une des rangées de fraisiers qui s'étirent de haut en bas de l'immense champ en pente. Ses mains plongent prestement dans les feuilles vertes aux bords en dents de scie. La plupart des fraises vont dans le grand panier, mais de temps à autre elle en met une dans sa bouche, en appuyant très fort avec la langue pour faire sortir le jus acidulé. Les papayes aussi ont un jus acidulé. Mais à Wanwangeri, le sol est en latérite rouge brique au lieu d'être en terre marron, et les maniocs et ignames sont plantés en massifs, pas en plates-bandes rectilignes.

A onze ans, Joy a passé une année entière au Ghana. Elle a habité un peu chez son père, mais surtout au village de sa grand-mère. Elle a appris à vivre. Elle a appris tout ce que l'on peut exiger d'une fille de son âge chez les Ga, l'ethnie de son père et donc la sienne. Elle avait son champ, où elle cultivait le manioc et l'igname pour se nourrir. Elle travaillait aussi à l'étal de tissus pagne de sa grand-mère sur le marché d'Akwapawa.

Le marché était formidable. Si elle revient au Ghana, elle devra aller voir Grand-Maman à Wanwangeri et aussi au marché d'Akwapawa. Joy sourit intérieurement à ce souvenir. Elle était douée pour les affaires, comme sa grand-mère, tout le monde le disait, et au Ghana il n'y a rien de mal à être content quand les gens font des compliments. Ce n'est pas comme à Lodge School, où il est de bon ton de faire la modeste.

Et puis il y a autre chose. Au marché, Joy s'est découvert un talent qu'elle ne se connaissait pas. Elle inventait des cris différents et plus persuasifs de jour en jour, si bien que toutes les femmes l'écoutaient. La façon dont elles riaient et applaudissaient à ses plaisanteries lui avait procuré un plaisir qu'elle n'avait jamais ressenti jusque-là. Les acteurs sur la scène doivent avoir ce genre d'émotion, se dit Joy, les gens célèbres comme Terry Wogan, les stars. Elle a grandi pendant cette année passée au Ghana, et pas seulement en centimètres. Les Ghanéens ont un cœur gros comme ça, a dit Manté, plus chaleureux et plus généreux que tous les autres cœurs. Depuis ce jour, Joy a l'impression qu'un petit morceau s'est logé dans sa poitrine. Au fond, elle est à demi ghanéenne.

Joy est rentrée en Angleterre alors que Grand-Maman voulait qu'elle reste, et que personne ne contredit Grand-Maman. Est-ce que ça voulait dire qu'elle ne pourrait jamais retourner à Wanwangeri? Joy a dû mettre de côté sa vie ghanéenne, comme un livre refermé. Elle a dû aller dans un internat anglais et rattraper un an d'absence. Elle a dû apprendre d'autres règles, des règles que les gens expliquent, par exemple qu'il faut se lever quand le professeur entre dans la classe, et d'autres règles plus subtiles qu'il faut découvrir soi-même, par exemple qu'on ne s'assoit pas à côté de l'élève-surveillante à table à moins d'y avoir été invitée. Comme la Lodge School, Mamie a des tas d'interdictions.

« Bravo, Joy ! vous êtes rapide, complimente M. Davis après avoir pesé le panier et noté quelque chose dans le cahier.

— Merci. »

Les pensées de Joy reviennent soudain à Penfold, dans le Kent. Les barquettes de fraises s'empilent déjà à l'arrière de la Range Rover. M. Davis, en manches de chemise, les bras rougis par le soleil, est l'homme le plus important du village, propriétaire de nombreux hectares et créateur d'emplois saisonniers. Pourtant, on ne peut pas dire que ce soit un chef de village, songe Joy. D'abord, il sourit beaucoup trop. Ensuite, le pasteur sait mieux donner des conseils et expliquer comment remplir les papiers pour les indemnités. A Penfold, les seules cérémonies sont les baptêmes, les mariages et les enterrements, qui ne se produisent pas souvent. A Wanwangeri, il y a des fêtes et des cérémonies tous les deux ou trois jours.

M. Davis est en train de parler.

« Vous êtes une de nos meilleures cueilleuses. Mais vous partez à midi ? Pour rentrer en classe, c'est ça ?

— Oui, répond Joy avec un sourire timide. Pardon. »

En Angleterre, elle est tout le temps timide, elle ne fait que dire pardon, excusez-moi. C'est ce qu'on exige d'une jeune fille comme elle, Joy le voit bien dans le regard des gens. Manté n'est pas timide et quand elle habitait au Ghana elle n'était pas timide non plus. Quand elle vendait des tissus sur l'étal de Grand-Maman, elle traversait tout le marché en criant : « Prends mes jolis jolis pagnes, madame ! » Ou : « Oh, oh ! madame, tu es gaie comme un ananas ! » C'est une raison supplémentaire pour aller au Ghana. Bien sûr, elle veut voir Manté, le petit Yeo, Grand-Maman et Ata, et tous ses frères et sœurs, mais surtout, elle veut retrouver la jeune fille qu'elle était il y a trois ans, la jeune fille évoluée[1] qui savait y faire avec les tissus et qui courait sur le marché en criant.

C'est mercredi aujourd'hui. Joy a passé les

1. Qui a reçu une éducation européenne.

vacances de la mi-juin à cueillir des fraises avec Lettie sous la vaste coupole bleue du ciel. Elle a pris des coups de soleil douloureux. Une dizaine de personnes travaillent là, penchées sur les plates-bandes, des femmes et des adolescents. Lettie et Joy ont commencé ensemble en haut de la pente ce matin, mais Lettie se laisse facilement distraire. « Je ne supporte pas cette mauviette de Wayne Todd. Il ne faut pas qu'il me voie », a-t-elle chuchoté très fort il y a une heure, en se dépêchant d'avancer et en sautant plusieurs fraisiers chargés de fruits sous prétexte de se cacher derrière Joy. Mais cinq minutes plus tard, elle s'arrangeait pour que Wayne la voie bien et maintenant tous deux sont très occupés à échanger des amabilités.

« Tu es toquée de moi, c'est ça, le problème, Lettie Stamp.

— Ah non, je ne voudrais pas de toi même si on devait rester dix ans sur une île déserte. »

Lettie n'est pas timide, se dit Joy, elle ne sait pas ce que ça veut dire. Est-ce que ça a un rapport avec le fait de vivre là où ses grand-mères, ses grands-pères et toute sa famille ont vécu depuis des générations? Est-ce que ça a un rapport avec le fait de vivre en Angleterre et d'avoir la peau blanche?

Cueillir des fraises pour M. Davis, c'est mieux que de rester au Smithy Cottage. En plus, Joy a besoin de cet argent. Au Ghana, les enfants, même jeunes, doivent rapporter quelque chose à la maison. Et puis, pendant que ses mains sont occupées à gagner des sous, son esprit est libre de réfléchir, de la transporter là-bas, de se souvenir. Elle pense au ga, la langue de sa tribu. Pendant l'année qu'elle a passée en Afrique, elle n'a parlé que ça ou presque. Les mots lui venaient tout seuls, alors que maintenant, elle doit les faire revenir lentement dans sa mémoire comme des feuilles mortes repêchées au fond d'un étang boueux. Kwamé a dû quitter l'école à présent. Il travaille sûrement à la poterie de son père. Qu'est-ce qu'elle dira en voyant Kwamé? Est-ce qu'elle baissera les yeux?

Wayne et Lettie travaillent dans deux rangées différentes, de chaque côté d'elle. Ils se taisent. Arrivés à court de répliques, ils se sont lancé des fraises à la place, et M. Davis, d'une voix soudain sévère, a menacé de les renvoyer. Lettie, rouge comme une tomate après cette avanie, prend un air renfrogné derrière l'épais rideau de cheveux châtain clair qui dissimule son visage.

Joy pense à son champ à elle. C'est une parcelle deux fois moins grande qu'un court de tennis. Elle a débroussaillé toute seule, avant de planter les graines d'igname, de manioc et de papaye. Les papayers doivent être aussi hauts qu'une maison, à présent. Avoir son champ, c'est fabuleux. Personne à la Lodge School et aucune adolescente de quatorze ans à Penfold n'en a un. Est-ce qu'il lui appartient encore après tout ce temps ? La terre elle-même est à Onyame, bien entendu. Grand-Maman a versé des libations dans le sol rouge brique qui est devenu rouge sang, et elle a demandé à Onyame d'autoriser sa petite-fille, Joy, à briser la terre avec sa houe. Est-ce qu'elle pourra jamais pardonner à Joy de s'être enfuie ?

Une autre lettre de Manté est arrivée lundi, adressée à M. et Mme Barton. Joy l'a ramassée et, en voyant au dos « *Manté Kwatey-Jones, 3, Hillside Estate* », elle a eu un coup au cœur. C'était une lettre polie au sujet du projet de voyage, un peu alambiquée, a pensé Joy dans son for intérieur, mais Manté dit qu'il faut toujours témoigner du respect aux personnes âgées quoi qu'il arrive, et Mamie a besoin d'être un peu amadouée. Joy a été déçue qu'il n'ait pas parlé de Yeo. Les lettres, c'est un peu comme les chocolats fourrés : la promesse de l'emballage, truffe à la vanille ou bouchée à la fraise, n'est jamais vraiment tenue par la crème jaune ou rose à l'intérieur.

« Alors, c'est ton dernier dîner, a dit Mamie hier soir, en posant les plats chauds sur la table. On t'a à peine vue, ma chérie. Pas le temps de t'apprendre à faire le hachis Parmentier ni rien d'autre.

— Ma tante Esi m'a appris à faire l'abobo. »

Joy a parlé très vite. Est-ce qu'elle sait encore faire l'abobo, le gali et le foufou ? Les mots eux-mêmes lui semblent étranges.

« A Wanwangeri, personne ne travaille le mardi, et personne ne va à la pêche parce que c'est l'anniversaire du fleuve et de la mer.

— Peut-être, dit Mamie après un silence.

— Tous les mardis libres, alors, murmure Papi. C'est une bonne idée, je trouve.

— Passer toutes les vacances à cueillir des

fraises du matin au soir, je n'en vois vraiment pas la nécessité, remarque Mamie en remettant le couvercle sur le plat de choux nouveaux.

— Mais ça me plaît.

— Tout le monde va dire qu'on ne te donne pas assez d'argent de poche, continue Mamie en servant le hachis Parmentier. Son papi lui donne quinze livres sterling par trimestre, quinze livres. Voilà ce que j'ai dit à Mme Brown dans le magasin.

— Quinze livres, est-ce que c'est suffisant? s'interroge Papi. Elle écrit beaucoup, notre Joy, tous ces timbres pour l'étranger coûtent cher.

— Bien sûr que c'est suffisant. Elle te mène par le bout du nez. Je l'ai dit à Mme Brown ce matin, que notre Joy mène son papi par le bout du nez.

— Ce n'est pas vrai, hein, Papi? De toute façon, ce n'est pas à cause des timbres, c'est à cause des cadeaux.

— Quels cadeaux, s'il te plaît? demande Mamie. Tu n'as pas besoin de faire des cadeaux ; à ton âge, c'est ridicule.

— Des cadeaux pour le Ghana. Je veux

dire, quand j'y suis allée, je n'avais pas emporté de cadeaux... et, bon, ils y comptaient... Parce que tout le monde fait tout le temps des cadeaux au Ghana, explique Joy.

— De l'amour intéressé, oui. A moi, personne ne me fait de cadeaux.

— Et ton joli poinsettia ? demande Papi.

— Noël, ce n'est pas la même chose.

— C'est la coutume du pays, reprend Joy. Des cadeaux tout le temps. Manté dit que les cadeaux et les matabiches [1] huilent les rouages de la vie.

— Tout ça, c'est corruption et compagnie. A mon avis, beaucoup de Ghanéens doivent regretter l'Empire britannique. Ça s'appelait la Côte de l'Or en ce temps-là.

— Je ne crois pas qu'ils regrettent. Je veux dire, il faut que je fasse des cadeaux... en tout cas, je veux en faire... comme cet agneau en laine que j'ai fabriqué pour Yeo au cours de travaux manuels l'an dernier. Il s'appelle Lambkin... une peluche toute douce avec des yeux en soie marron. Miss Beale a découpé le tissu, je l'ai cousu et je l'ai rembourré. Yeo

1. Pots-de-vin.

l'adore. Il le tient sur la photo que Manté a envoyée. Je vais vous la montrer. »

Joy repousse sa chaise et court dans l'escalier avant que Mamie ait pu l'arrêter. Et là, elle se dit que ça ne se fait pas de quitter la table en plein milieu du dîner, franchement, elle exagère. Est-ce qu'elle essaie son moi ghanéen, pétulant et sûr de lui, pour changer un peu de son moi anglais toujours à demander pardon ? Il doit y avoir autre chose. Yeo est son frère, son seul vrai frère pour l'instant, et rien que d'y penser, elle se sent gagnée par une vague de chaleur intérieure. Elle était dans cet état pendant tout le temps passé à confectionner Lambkin. Elle aurait bien fait un autre agneau tout de suite après, juste pour retrouver cette sensation, mais il ne restait plus de tissu à peluche.

Elle leur tend la photographie.

« Voilà !

— Charmant petit bonhomme, ce Yeo, commente Papi en remontant ses lunettes pour regarder la photographie. Et c'est un très joli agneau, Joy, une pure merveille, ce Lambkin.

— Ça ne sert à rien que je regarde sans mes

lunettes, s'excuse Mamie. Blanc comme ça, eh bien, j'espère qu'il est lavable.

— J'aimerais lui porter un ours Paddington cette fois, explique Joy. Un vrai, acheté dans un magasin.

— C'est ridicule, dit Mamie. Et ça ne lui ferait même pas plaisir... un enfant comme ça. Un ours Paddington, je vous jure!

— J'aime faire des cadeaux. »

Joy pense à l'enclos de Grand-Maman à Wanwangeri. Tous ces enfants qui sont ses frères et sœurs selon les conceptions ghanéennes, douze, ou sans doute davantage à présent. Peut-être que si elle apportait des sachets de stylos-feutre elle pourrait leur donner un ou deux feutres à chacun.

« Tu es bien décidée à y aller, alors? demande Mamie. Tu ferais mieux de rester ici et de réviser pour rattraper ton retard au collège. Tu as manqué une année, quand tu es allée là-bas, je vais le rappeler à ton père...

— Notre Joy était deuxième au dernier classement. On dirait qu'elle a déjà rattrapé le retard », remarque Papi.

Il sourit pour encourager Joy. Son œil le plus éloigné de Mami cligne sous le sourcil en épi.

« 12 en géographie et 11 en latin, ce n'est pas excellent. (Mamie a appris par cœur le bulletin de Joy.) Elle donne peut-être l'impression d'avoir rattrapé son retard, mais elle n'a pas les bonnes bases. La scolarité est très importante pour une jeune fille, surtout une jeune fille comme Joy. »

Sur ce, Mamie s'en va chercher la charlotte à la framboise dans le réfrigérateur. Le dessert préféré de Joy, préparé exprès pour elle.

Ce soir-là, Joy s'assoit sur son lit pour écrire en grosses lettres étalées sur plusieurs jours : « *Cueillette des fraises toute la journée.* » Puis elle va à reculons. Mardi 18 juin : « *Hachis Parmentier, chou nouveau et charlotte aux framboises.* » Lundi 17 juin : « *Rôti d'agneau froid et salade.* » Dimanche 16 juin : « *Rôti d'agneau sauce à la menthe, jardinière de légumes et tarte aux pommes nappée de crème anglaise.* » Quoi d'autre? Des lèvres rouges humides continuent à rôder dans le fond de sa tête et à revenir de temps en temps, mais elle ne va tout de même pas mettre Frank Jarrett dans son journal. Pas question. « Bientôt, je vais voir Kwamé. »

« Tu es prête, Joy, tu as fait tes bagages? demande Mamie, un peu euphorique à l'idée d'étrenner son tailleur pantalon élégant et à la perspective du voyage. Le taxi sera là dans une minute. Ce Frank Jarrett est toujours en retard. Si ça continue, on va rater le train.

— Frank Jarrett? (Joy serre son blazer autour d'elle.)

— Ah! le voilà! annonce Papi, qui regardait par la fenêtre, et semble de plus en plus calme à mesure que Mamie devient plus fébrile. La voiture arrive dans l'allée.

— Alors, on y va. Comment tu t'es arrangée, ma pauvre Joy? Ton uniforme est chiffonné comme si tu l'avais laissé traîner par terre tout le week-end. A ton âge, je prenais soin de moi, je pendais mes vêtements à des cintres bien comme il faut, je n'avais pas l'air d'une pauvresse.

— Pardon.

— Frank Jarrett nous attend, déclare Papi.

— Tu as bien regardé dans les tiroirs et dans les placards? demande Mamie en fermant la porte. Il ne faudrait pas que je sois obligée de t'envoyer tes affaires par la poste.

— Ce n'est vraiment pas la peine de m'accompagner jusqu'à Folkestone. »

Joy monte dans le taxi. Elle a évité de regarder du côté de Frank Jarrett, mais sa voix chevrote bizarrement, comme si elle était un peu nerveuse.

« Seigneur! Qu'est-ce que c'est que cette paille sur le siège arrière? s'écrie soudain Mamie.

— Désolé, madame, j'ai transporté des balles de foin à Stone Farm toute la matinée, explique Frank Jarrett.

— Il n'y a qu'à me laisser à la gare et rentrer chez vous avec le même taxi », propose Joy en désespoir de cause.

Bobby est sur l'esplanade, enfoncé dans l'herbe jusqu'aux genoux, pour assister à son départ. Mais où est Lettie? Est-ce qu'elle boude dans le champ de fraisiers?

« A ton âge, reprend Mamie en se calant sur son siège, je ne répondais pas tout le temps à ma grand-mère. Il faut savoir accepter les choses comme elles sont, ma chérie. Et puis, on t'a à peine vue. Je n'ai même pas eu le temps de t'apprendre à faire le hachis Parmentier ni de voir avec toi les sujets du brevet

ceuil

et tout ça, dit Mamie. Mais qu'est-ce qu'elle veut? » ajoute-t-elle en apercevant Lettie qui se dirige vers la voiture, à bout de souffle, les joues empourprées.

Joy baisse la vitre. Frank Jarrett ralentit.

« Alors, salut! crie Lettie. On se voit à ton retour... si tu reviens. (Elle marche à côté du taxi.) N'oublie pas d'écrire. Fais gaffe à ton vélo! Et vous, Frank Jarrett, gardez vos deux yeux sur la route! »

Dans le rétroviseur, Joy voit des lèvres s'écarter dans un sourire réticent, sous une moustache blond-roux.

« Cette gamine, commence Mamie lorsque le taxi accélère, elle ne s'améliore pas. »

Joy tourne la tête. Lettie fait de grands adieux en gesticulant au beau milieu de l'allée, elle bondit, fait des ciseaux, agite les bras. Puis le taxi prend un virage et Joy ne voit plus que les marais au loin, des carrés verts entre les lignes droites des rigoles creusées par les Romains, qui s'étirent jusqu'au fin trait bleu-gris de la mer.

Soudain, elle se dit que le Smithy Cottage est sa maison, qu'elle se sent en sécurité à Penfold et que c'est là qu'elle a envie de rester. A quoi pensait Lettie quand elle a dit « si tu reviens »? Joy a l'estomac qui se noue. Elle penche la tête par la portière. Est-ce que Lettie continue à crier? Joy n'entend que le chant plaintif d'un vanneau dans les marais... à moins que ce ne soit une mouette. Il y a des oiseaux partout...

« On a un courant d'air, dit Mamie en posant une main sur ses boucles grises agitées par le vent. Ça ne te ferait rien de monter la vitre?

— Pardon, Mamie. »

4

Une lumière blanche très vive lui picote les paupières. Joy ouvre des yeux étonnés.

« Efua », murmure-t-elle. Mais l'hôtesse de l'air qui se penche sur elle, avec son rouge à lèvres impeccable et ses dents étincelantes, n'est pas Efua. Efua ne fait plus la ligne Londres-Accra, Manté le lui a déjà dit. Mais elle rêvait d'Efua.

« Attachez votre ceinture. Nous atterrissons dans quelques minutes. Je crois que vous avez dormi, Joy.

— Pardon. »

Joy a la bouche sèche et la tête pleine de bruits discordants, pareils à des gazouillis d'oiseaux et des hululements de chauves-souris. Elle a trop chaud dans son jean.

« Pardon. »

De l'autre côté du hublot, un ciel bleu pervenche et un soleil radieux. En dessous, l'immensité de la mer, des vagues ourlées de blanc qui vont l'une après l'autre se briser sur un rivage gris perle. Des pirogues de pêche s'alignent tels des perce-oreilles, sur la large bordure de palmiers qui sépare la plage de la plaine rougeâtre déployée jusqu'à l'horizon festonné de petites collines vertes.

« L'Afrique. Plus aucun risque d'être déçue, maintenant », chuchote Joy d'un air victorieux.

Elle écarte les doigts des deux mains et regarde si quelqu'un l'a entendue. Le siège voisin est vide. L'homme d'affaires en costume beige assis de l'autre côté est très occupé avec sa ceinture de sécurité. Elle s'est dit la même chose, intérieurement, pendant six semaines, elle se l'est dit en palpitant de joie quand le billet d'avion envoyé par Manté est arrivé, mais presque aussitôt les doutes l'ont assaillie. Un billet s'annule facilement s'il arrive quelque chose, comme l'an dernier. Jusqu'à présent, elle ne s'était pas permis de le dire à haute voix. Même pas quand ils sont arrivés à l'aéroport d'Heathrow, ni quand Mamie a repéré le numéro du vol sur le panneau des départs, ni quand Papi lui a trouvé un chariot, ni quand elle a vu sa valise emportée par le tapis roulant. Ni quand elle les a embrassés tous les deux avant de se présenter au comptoir d'embarquement, parce qu'il était encore possible d'annuler le vol en cas de panne, par exemple, ou si on découvrait une bombe dans un sac en plastique.

Dans la salle d'attente, elle n'arrivait à penser qu'à une chose : la joue de Mamie au moment où elle l'avait embrassée, sans résistance, sèche comme un mouchoir en papier, creusée jusqu'à la mâchoire. Et ses yeux bleus devenus aussi gris que des flaques de pluie en hiver.

Joy a compris à cet instant que Mamie espérait envers et contre tout une annulation du voyage. Elles sont toutes les deux comme les personnages aux extrémités d'une girouette. C'est horripilant, mais Mamie veut toujours le contraire de ce que Joy souhaite personnellement. C'est triste, aussi, parce qu'elles ne peuvent pas être contentes en même temps. Pendant que Joy avançait sur la passerelle d'embarquement, est-ce que Mamie continuait à espérer que les deux pilotes auraient soudain une appendicite ou une fièvre jaune? Peut-être qu'elle croisait les doigts au moment où elle a demandé en clignant les paupières :

« Tu as de la lecture pour le voyage, Joy? C'est bête de perdre son temps à rester assis sans rien faire.

— *Tess d'Urberville*, a répondu Joy.

— Doux Jésus! Eh bien, les jeunes filles grandissent vite de nos jours. Mais bon, c'est de la littérature.

— Heum », a marmonné Joy. Elle se faisait l'effet d'une cruche dans son uniforme en vichy vert, mais Mamie y tenait absolument et elle n'avait pas besoin d'être au courant, pour le jean fourré dans le bagage à main en prévision d'un changement rapide.

« Je ne peux plus être déçue maintenant », s'est dit Joy quand l'avion a roulé sur la piste et s'est soulevé tel un cygne dans le crépuscule violet. En bas, des lumières rouges, vertes et bleues clignotaient partout dans l'aéroport, comme un sapin de Noël hors saison. Quand ils ont continué à monter dans le ciel, elle a vu la ligne argentée de la Tamise et les rivières qui s'y jettent. Elle aurait voulu savoir leurs noms. Mamie est capable de réciter les fleuves d'Angleterre en suivant toute la longueur du littoral. Elle l'a fait pas plus tard qu'hier, tandis qu'elle abaissait au rouleau la pâte des tartes à la mélasse, donnant ainsi à Joy une double leçon de cuisine et de géographie. Joy va apprendre les fleuves d'Angleterre pour les réciter à Mamie à son retour. Ce sera une sorte de cadeau, se dit-elle. Elle pourrait apprendre aussi les fleuves d'Afrique, et commencer tout de suite avec la carte glissée dans la poche du siège devant elle. Le Sénégal, la Gambie, le Tano, l'Ankobra, le Pra, la Volta noire, la Volta blanche… noire, en français. Est-ce que les gens écrivent « *Noirs, allez-vous-en* » sur les murs de Paris ? Les fleuves apportent la nourriture et la vie en même temps que l'eau. Ça pourrait être utile de connaître le français et tous les fleuves. Si jamais Bob Geldof avait besoin d'une assistante, par exemple.

A présent, tous les passagers sont autour

d'elle. L'avion cahote sur la piste d'atterrissage. Quelques secondes plus tard, en descendant les marches, elle aperçoit Manté qui lui fait signe, sur la grande véranda. Il ne porte pas la chemise blanche de la photo, mais une autre, en cotonnade africaine imprimée bleu et jaune. Il semble avoir un peu maigri, mais son sourire n'a pas changé, son grand sourire jovial. Joy se retrouve serrée dans le cercle de ses bras, forts comme des branches d'arbre. Elle sent sa chaleur, elle hume son after-shave, celui au freesia, qu'elle lui a envoyé pour son anniversaire dans une boîte bleu et argent. Elle presse sa joue contre la poitrine de Manté et entend le bruit sourd de son cœur.

« Joy, ma fille, Joy. Comme je suis content que tu sois venue !

— Papa... »

Elle est arrivée. Personne, ni la magie, ni même Onyame ne peut plus lui enlever ça. Manté lui parle sans desserrer son étreinte et sa voix fait un drôle de vacarme, comme lorsqu'on se colle un coquillage contre l'oreille.

« Joy, mon aînée, akwaba, bonne arrivée.

— Ça faisait longtemps ! soupire Joy.

— Deux années entières. »

Manté ajoute, en s'adressant aux usagers qui attendent dans le hall et aux employés de Ghana Airways derrière leur comptoir :

« C'est ma fille, Joy. Elle est dans un internat en Angleterre. Elle vient passer les vacances ici. »

Est-ce qu'il a besoin de raconter ça à tout le monde ? Joy a un petit sourire gêné, mais personne n'a l'air de trouver bizarres ces explications publiques. Elle a oublié comment sont les gens au Ghana, si spontanés, elle a oublié qu'elle doit être une autre personne ici. N'est-elle pas venue justement pour retrouver cet autre moi ? De plus, Efua travaille à Ghana Airways et certains de ces employés sont ses collègues. Joy a soudain le cœur qui fait un bond dans sa poitrine, quand, libérée de l'étreinte de Manté, elle plonge son regard dans celui d'Efua. Pas la vraie Efua, mais sa photographie sur l'affiche de Ghana Airways, son sourire invitant le public à voyager avec cette compagnie aux quatre coins du hall.

« Efua ? Ma belle-mère ? demande Joy en la montrant du doigt.

— Oui, oui. Ma femme est très belle. Elle a

gagné beaucoup de concours, Miss Takoradi une fois, Miss Axim. Ils l'ont choisie pour l'affiche, c'est normal, une belle femme est toujours une bonne publicité. Je suis très fier. Je ne t'en ai pas parlé dans ma lettre?

— Je ne crois pas. »

Joy a mal à la tête. Les yeux de l'affiche semblent la surveiller, même si elle regarde ailleurs. Manté rit à gorge déployée et, autour de lui, tout le monde en fait autant.

« Je ne suis pas très doué pour écrire des lettres. Tous les mois, ma fille m'écrit de son internat à Folkestone, une station balnéaire anglaise.

— Tous les quinze jours, murmure Joy.

— Peu importe, maintenant que tu es là, nous pouvons parler et parler, comme un père et une fille, pas vrai? »

Le bras de Manté qui lui entoure les épaules la presse affectueusement contre lui.

« Manté Kwatey-Jones a une fille évoluée », disent les gens autour d'eux. On dirait que tout le monde le connaît. Est-ce parce qu'il est dans un ministère? En tout cas, un petit cortège s'est formé : de jeunes hommes en short et polo, des femmes en robe-boubou ou en pagne, à motifs d'oranges, d'hibiscus, d'oiseaux ou de cartes à jouer.

« Oui, oui, c'est ma fille qui vient d'Angleterre, déclare Manté en la tenant à bout de bras pour mieux la regarder. Tu ressembles à ta grand-mère, Joy. Tout le monde te le dira.

— Oui, oui, c'est une jolie jolie fille. Tout le monde voit bien que c'est un rameau de l'arbre Kwatey-Jones, dit quelqu'un.

— L'arbre au milieu de la forêt n'est pas emporté par la tornade, ajoute un autre. C'est pareil avec la famille.

— Allons-y ! » s'écrie Manté.

Il ramasse les bagages de Joy et la conduit dans la lumière blanche aveuglante du parking, en direction de l'hôtel de l'aéroport.

« Tu prendras bien un Coca ? »

Joy a la gorge serrée.

« Je crois que je préfère aller directement à la maison, si ça ne te dérange pas... Je ne me sens pas très bien.

— C'est la déshydratation, assure Manté avec un grand geste de son bras libre. Ça ira mieux quand tu auras bu. »

Dans l'hôtel climatisé règne une fraîcheur agréable. Le cortège s'est amenuisé quand ils ont traversé le parking. Elle va avoir Manté pour elle toute seule pendant quelques minutes, avant d'aller rejoindre Efua.

« Tu as bu beaucoup de jus de fruits et tout ça dans l'avion ? demande Manté.

— Pas vraiment.

— Il faut toujours boire beaucoup beaucoup, et manger le moins possible, pour ne pas être malade ni souffrir du décalage horaire.

— Pardon. »

Joy pense honteusement aux deux repas servis en cabine et consommés, sans compter les petites choses à grignoter. En fait, elle n'avait pas tellement faim, mais les petits emballages piquaient sa curiosité. Et puis, avec tous ces gens qui meurent de faim en Afrique, c'est moche de gaspiller de la nourriture.

Son père la taquine.

« Le décalage ! Est-ce bien la jeune fille qui vendait des tissus pagne sur le marché d'Akwapawa ? Ata n'arrête pas de me dire que ma fille Joy est douée pour le commerce.

— Ça fait plaisir d'être à nouveau ici, au Ghana », dit Joy, pendant que Manté commande du Coca.

Au Ghana, les gens se livrent plus volontiers, ils disent ce qu'ils ressentent, font admirer leurs vêtements et leurs biens avec une franchise qui passerait pour de l'impudence en Angleterre, ou de la vantardise, en tout cas quelque chose qui ne se fait pas. Est-ce le bon moment pour lui offrir l'épingle à cravate, tant qu'ils sont seuls ensemble. Elle ne voudrait pas que Manté la croie indifférente et ingrate.

« C'est que le billet était horriblement cher et tout ça, et j'ai eu peur qu'il soit annulé jusqu'à la dernière minute.

— Annulé? (Manté lève les sourcils.) Je ne suis pas riche. Dans l'administration, personne n'est riche ces temps-ci. On a décidé le grand nettoyage. Plus de matabiches... plus de corruption... plus de kalaboulé[1]... plus de contrebande de l'or... Tout de même, en travaillant nuit et jour, j'arrive à payer un billet d'avion à ma fille.

— Je veux dire, annulé comme l'an dernier, quoi... Je sais que tu n'y pouvais rien... » balbutie Joy.

Tout ce qu'elle voudrait, c'est lui faire plai-

1. Marché noir.

sir, mais plus elle parle et plus il perd sa joviale exubérance.

« Oui, oui, Efua a été très malade, l'an dernier, dit-il d'une voix sourde. Le bébé est retourné dans sa famille du ciel.

— Pardon. Pardon.

— Oui, oui, c'était un mauvais moment, ajoute Manté, les larmes aux yeux. Mais il ne faut pas palabrer avec le destin, et les mauvais moments ont une fin...

— Yeo va bien ? demande Joy, soudain inquiète, la tête pleine d'un bruit étrange, comme un gémissement de bébé.

— Ah oui, Yeo est un gaillard, dit son père en recouvrant sa bonne humeur. (Il redresse les épaules.) Et il se réjouit de revoir sa sœur de l'internat anglais qui lui envoie un agneau en peluche pour son anniversaire. Il emmène Lambkin partout avec lui. Yeo tient de sa mère, évidemment. C'est souvent comme ça avec les fils aînés. Le prochain enfant, le bébé qu'on attend dans un mois, ce sera un vrai Kwatey-Jones, un vrai Ga.

— Peut-être une fille ? » suggère Joy.

Son père promène son regard dans la salle et ne répond pas. Elle poursuit :

« En tout cas, j'espère qu'il ou elle ne sera pas en retard… Je veux dire, j'aimerais voir le bébé avant de retourner en classe.

— En retard? Comment ça? Ici, nous avons un hôpital moderne, le meilleur de toute l'Afrique… avec un matériel électronique de pointe qui fait que les bébés naissent à la date prévue. Nos pédiatres sont très bien payés… aussi bien que n'importe où dans le monde. On n'a pas des méthodes archaïques, ici.

— Je voulais dire…

— Et ton uniforme scolaire me coûte beaucoup d'argent, avec la tenue du dimanche, et tout. Pourquoi est-ce que tu ne l'as pas mis?

— Je veux dire… il est dans mon bagage à main, bafouille Joy. (Décidément, elle fait tout de travers.) Je ne savais pas… tu veux que j'aille me changer aux toilettes? »

Deux femmes traversent la salle et se dirigent vers eux. Elles portent un pagne et un « mouchoir de tête » assorti, l'une en coton bleu foncé à losanges blancs et l'autre ocre jaune à motif d'ananas noirs.

« Bonjour, monsieur Manté Kwatey-Jones, dit une femme.

— Bonjour, répond chaleureusement Manté.

Je vous présente Joy, ma fille, qui vient d'arriver de son école en Angleterre.

— Oui, oui, une fille évoluée, dit la femme en bleu. Un homme important comme Manté Kwatey-Jones peut choisir les meilleures écoles d'Angleterre pour sa fille, par exemple Eton, oh ! là ! là ! »

Si Manté est agacé par ces flatteries, il n'en laisse rien paraître.

« Nous avons beaucoup de bonnes écoles au Ghana, répond-il tranquillement. Ma fille est née en Angleterre quand je faisais mes études là-bas. Elle est première de sa classe.

— Oui, oui, le petit aigle s'envole toujours dans le ciel, dit la femme en jaune.

— Je veux dire..., murmure Joy.

— Un brin de riz sauvage, continue la femme. Ce sont des choses qui arrivent quand les jeunes gens vont étudier en métropole, mais Manté Kwatey-Jones n'oublie pas son brin de riz sauvage.

— Joy est la fille de ma première femme, réplique Manté d'un ton légèrement irrité à présent. Que puis-je pour vous, mesdames ? Asseyez-vous, je vous prie.

— Le fils de ma sœur, qui sort de l'université du Ghana, il voudrait devenir fonctionnaire, explique la dame en bleu, tout en prenant une chaise. Moi, je dis à ma sœur, ce qu'il faut à un jeune homme, c'est le soutien d'un homme important comme Manté Kwatey-Jones, parce que la jeune liane a besoin de s'appuyer sur un tronc d'arbre. Vous pourriez peut-être en glisser un mot dans la bonne oreille?

— Par exemple l'oreille de Jerry Rawlings? ajoute la femme en jaune.

— Il n'y a pas d'oreilles au gouvernement en ce moment, répond fermement Manté. Le Conseil provisoire de défense nationale n'a pas d'oreilles. Votre fils devra compter sur ses qualités personnelles, comme les autres candidats.

— C'est bien vrai, dit la femme. Le grand nettoyage, hein? Nous comprenons, mais voyez-vous, un jeune homme ne sait pas bien dire les choses. Il aimerait travailler pour vous, monsieur Manté Kwatey-Jones, mais c'est un timide, oh! là! là!

— On verra, on verra. »

Manté se laisse fléchir. Il sort une enveloppe de sa poche pour y noter le nom. Puis il adresse un sourire à Joy quand les femmes se lèvent pour partir. Joy répond par un sourire suivi d'un bâillement.

« Pardon. Je n'ai pas beaucoup dormi dans l'avion. Il y a beaucoup de gens qui te demandent du piston comme ça ?

— Quand il y a un gros arbre, les petits lui grimpent dessus pour atteindre le soleil.

— En tout cas, je ne suis pas première de la classe. Je suis deuxième.

— Oh, je parlais de l'année prochaine, dit Manté en riant. L'année prochaine, ma fille sera première de la classe, c'est décidé.

— Peut-être qu'il faudrait aller à la maison », dit Joy.

Elle a fini son Coca, et elle tripote nerveusement la poignée de la valise. Des gens se sont assis aux tables voisines. Ils semblent vouloir attirer l'attention de Manté.

« Efua doit s'inquiéter.

— Ma femme ne s'inquiète pas, répond dignement Manté. Une femme qui a un bon mari n'a aucune raison de s'inquiéter. Elle prépare le repas et attend le retour de son mari.

— Heum », fait Joy d'un air dubitatif.

Tant de docilité ne ressemble guère à Efua, à moins qu'elle n'ait beaucoup changé.

« Mais il est peut-être temps de rentrer », concède Manté.

Il se lève. Un murmure de déception parcourt les tables voisines.

« Et ces gens ? chuchote Joy pendant qu'ils traversent la salle.

— Ton père est un homme important au ministère de la Planification économique, explique Manté en haussant les épaules. Il y a toujours des gens qui veulent des permis et des autorisations. Partout où je vais, des gens cherchent à me parler. Tout a changé, tu comprends. Maintenant, on doit encourager les nouvelles industries et accueillir plus de firmes étrangères. Qui emprunte ne choisit point. »

Dehors, le soleil est au zénith. C'est une vraie fournaise. Manté étale une peau de léopard sur le siège de la voiture. Ils prennent la direction de Hillside Estate.

« Efua va bien ? demande Joy.

— Elle est un peu... (Manté fait un geste du poignet et repose la main sur le volant.) Toutes ces responsabilités dans son travail... ils ont un ordinateur à Ghana Airways.

— Je croyais qu'Efua aimait tout ce qui est moderne... la climatisation, tout ça.

— La climatisation, oui, on l'a, maintenant. Moi, je n'aime pas beaucoup la chambre climatisée. Il fait trop froid. »

Manté ne dit plus rien. Il plisse les yeux dans la lumière aveuglante. Peut-être qu'il n'aime pas parler en conduisant, se dit Joy, qui se tait elle aussi. Devant, la route grise miroite dans la chaleur. On imaginerait facilement que la surface luisante est de l'eau, un mirage dans le désert. Un garçon mène ses vaches bossues à pelage clair sur le bord de la route, agite son bâton et sourit gaiement.

La voiture quitte la route goudronnée. La poussière de latérite s'élève en un nuage rougeâtre autour d'eux. Joy regarde la colline et les bungalows carrés, marron et blanc, qui parsèment le bas de la pente. Ils sont tous agencés autour d'un patio central, avec un des quatre côtés occupé par un grillage et un grand portail.

« On est presque arrivés », remarque Joy. Manté ne dit rien. Il a les mains crispées sur le volant, le visage tendu. Est-ce que ça a un rapport avec le fait qu'elle n'a pas mis son uniforme, qu'elle n'est pas première de la classe? Est-il déçu qu'elle ne soit pas plus jolie ou plus polie?

« Il me tarde de voir Yeo, dit Joy pour rompre le silence étouffant. C'est vraiment bien d'avoir un petit frère. »

Manté ne parle toujours pas.

« Je suis contente de voir Winnie, aussi. »

Winnie, la femme du boy, pas beaucoup plus âgée que Joy, s'entendait très bien avec elle la dernière fois.

« Winnie n'habite plus chez nous, dit Manté d'un air grave. S'il te plaît, ne prononce pas son nom devant ta belle-mère. Il ne faut pas la contrarier... le bébé est pour bientôt.

— Pardon. Il y a eu une dispute ou quoi?

— Ksss..., fait Manté d'un air agacé. Qu'est-ce que c'est que cette histoire de dispute? On ne palabre pas avec les boyesses.

— Pardon », dit Joy, pantoise.

Au Ghana, les gens semblent si gais, si nature, et pourtant, on a vite fait de commettre un impair. Malgré le grand cœur des Ghanéens, ici aussi il y a des choses qui ne se font pas, des choses qui ne se disent pas. C'est vraiment compliqué quand on a l'estomac qui chavire et plein de bruits dans la tête. Le jacaranda a fleuri. Des pétales mauves tombent sur les jambes de Joy quand Manté range la voiture au garage. John, le boy, les attend en haut des marches, en chemise et short kaki.

« Bonne arrivée, Joy, dit-il en souriant. Missié, il a une jolie jolie fille. Elle est plus une pitite maintenant. Joy, elle est une dame maintenant.

— Bonjour, John », répond timidement Joy.

Il a la main sèche. On dirait qu'il s'est un peu ratatiné, et ses orbites sont profondément enfoncées.

« Où est Madame ? demande Manté.

— Madame, elle part de bonne heure, elle prend le pitit, elle prend Peace et elle conduit l'auto.

— A-t-elle dit où elle allait ?

— Non, elle dit pas. »

John secoue la tête. Il est gêné, presque effrayé. Son regard se détourne.

« Elle dit pas où, elle dit pas pourquoi. Madame, elle conduit l'auto. Wouaoup ! »

Ses mains fendent le vide. De l'ombre du garage, ils regardent tous trois vers la piste inondée de soleil où les traces de pneus se dessinent en noir dans la terre rouge. Efua s'est-elle fâchée parce que Joy venait ? Les belles-mères détestent toujours les belles-filles. On l'apprend en lisant les contes de fées. Et c'est pareil dans les contes de fées chinois, a dit Maxine, ils sont pleins de méchantes belles-mères.

« Bon, dit Manté. Apporte-nous à manger, John ! »

Il fait plus frais dans le salon, à l'ombre des persiennes fermées. Un ventilateur tourne au plafond, brassant l'air. Il y a une table et des chaises neuves dans le coin repas, et un nouveau tapis sur le parquet ciré. Joy découpe le rôti de bœuf froid en petits morceaux et les tartine de moutarde. La saveur piquante, qui lui brûle la bouche, atténue sa torpeur et son mal de tête. En face d'elle, Manté mange en silence. Il a téléphoné à la mère et à la sœur d'Efua, il a téléphoné à l'hôpital, mais personne n'a vu Efua et ne peut dire où elle est allée.

« Tu pourrais peut-être téléphoner à la police ? » suggère doucement Joy. Mamie appelle la police à la moindre anicroche. Elle a le devoir de le faire, et ils ont le devoir de lui porter assistance, a-t-elle expliqué. Est-ce qu'elle ne paie pas des impôts ?

« Je veux dire, si Efua a vraiment disparu.

— Ksss... (Manté recule sa chaise d'un air exaspéré.) Avec la situation que j'ai, je ne vais pas appeler la police...

— Oui, mais, euh... les policiers ne se chargent pas des recherches ? (Joy a une boule dans la gorge. Apparemment, elle ne fait que du gâchis chaque fois qu'elle ouvre la bouche.) Est-ce que, euh... la police ne retrouve pas les gens qui disparaissent ?

— Ma femme n'a pas disparu. Tu parles trop pour une enfant de ton âge. Ici, on dit toujours "c'est le seau à moitié plein qui éclabousse le plus." Efua est allée déjeuner chez des amis, c'est tout. Si ça se trouve, elle me l'a dit et j'ai oublié... Je suis tellement débordé... Un permis pour ceci, une autorisation pour cela. Elle a dû aller passer la journée à Labadi, ses amis ont une cabine sur la plage, là-bas. »

Sa voix est devenue plus gaie peu à peu. Il a réussi à se convaincre qu'il n'avait aucun souci à se faire.

« C'est ça, dit Joy, sans croire un seul instant qu'Efua est allée à la plage.

— Elle rentrera ce soir et on rira de tout cet affolement. En attendant, je dois aller au bureau. A ce soir, Joy, repose-toi bien. »

Les doubles rideaux à motifs d'ours Paddington, un peu défraîchis à présent, garnissent toujours les fenêtres. Il y a aussi une moustiquaire marron et, dehors, des volets clos pour empêcher le soleil de pénétrer dans la chambre. Joy entend le bruit de la voiture qui sort du garage. Le wouaoup des pneus semble indiquer que Manté aussi est fâché. La commode, vidée pour Joy, est déjà poudrée de rouge clair par la poussière de la journée. Joy l'essuie avec le bras et pose sa valise dessus.

« *Arrivée au Ghana* », écrit-elle à la date du 20 juillet. Six semaines. Sur son billet d'avion, le retour est fixé le 3 septembre. C'est court, par rapport à la dernière fois. Mais il peut s'en passer des choses en six semaines. « *Efua et Yeo pas là.* » Son regard fait le tour de la pièce. Le lit à barreaux de Yeo, peint en blanc, est plaqué contre le mur d'en face, sous la fenêtre qui donne sur le patio. Le lit de camp de Peace est glissé dessous. Le bord du lit à barreaux est baissé. La tête de Yeo a fait un creux dans l'oreiller brodé. Un cheveu noir s'entortille comme un ressort de montre. Et là, à moitié caché par la guipure, il y a Lambkin.

« Yeo ? chuchote Joy en prenant la peluche. Où es-tu, Yeo ? »

Il fait une chaleur suffocante. Joy s'étend pour dormir un peu. Elle pense à l'humidité verdoyante du Kent. Mais elle est au Ghana, maintenant. Efua va rentrer et tout ira bien. Sans doute. Des questions continuent à tournoyer dans sa tête, pendant qu'elle commence à s'enfoncer dans le sommeil. Pourquoi Efua est-elle partie ? Joy se sent coupable. Est-ce parce qu'elle voulait avoir son père pour elle toute seule ? Comment Efua avait-elle pu deviner ?

5

« Bonjour, Joy. »

Manté lui jette un coup d'œil rapide par-dessus son journal. La lumière est déjà forte, mais un bougainvillier rose violacé, qui grimpe sur les montants en bois de la véranda, projette une ombre pommelée sur la table du petit déjeuner. La vaisselle est neuve, à rayures vert foncé sur fond blanc.

« Bonjour. »

Joy tape vigoureusement le sommet de son œuf à la coque. Elle fait un peu de cirque pour attirer l'attention de Manté et détendre l'atmosphère. Hier, il s'est occupé d'elle, et d'elle seule, quand ils ont parlé ensemble, mais ce matin, il fronce les sourcils.

« Franchement, Joy, murmure-t-il.

— Pardon. »

Il a l'humeur aussi changeante que les giboulées d'avril. Comment se fait-il que Joy aussi ait l'humeur tellement changeante? L'hérédité.

« C'est un œuf de l'opération "des fermes en ville"?

— Bien sûr. On est autosuffisants, pour les œufs. »

Hier soir, quand il est rentré, Joy l'attendait. Ils ont dîné ensemble. Ensuite, ils se sont assis sur la véranda, dans l'obscurité. Efua et Yeo seront de retour dès le lendemain, a affirmé Manté. Sa femme passe souvent la nuit chez des amis, surtout depuis qu'elle est en congé de maternité. Puis, d'un commun accord, ils n'ont plus fait allusion aux deux absents. Manté a parlé de son travail, de ses responsabilités de chef de cabinet au ministère, de la société de taxis qu'il possède toujours et qui est dirigée par un cousin pas vraiment sérieux.

Ce qu'il y a de bien, pense Joy, c'est que maintenant qu'elle a quatorze ans, il lui parle comme à quelqu'un qui est capable de comprendre. Il ne l'avait jamais fait avant. La dernière fois qu'elle avait essayé d'avoir une vraie conversation avec lui, il avait ri, en disant : « Quand un petit oiseau chante comme un gros oiseau, il risque de se blesser avec le son de sa voix. » A présent, il lui parle de la période difficile qu'ils ont traversée. La sécheresse et des feux de brousse ont dévasté les récoltes. L'afflux de Ghanéens chassés du Nigeria, un million, n'a fait qu'aggraver la pénurie de denrées alimentaires. L'inflation, les sorties d'or et de cacao en contrebande ont cassé l'économie du pays, et sans argent pour acheter des pièces détachées, on ne peut plus réparer les camions et les trains. Enfin, le pire est passé. Jerry Rawlings a repris le pouvoir et le mot d'ordre est l'autonomie, garante de l'indépendance. L'opération « cultures vivrières » a nettement accru la production de riz et de maïs, tandis que l'opération « des fermes en ville » a encouragé les citadins, y compris les habitants d'Accra, à élever des poules et des lapins. Efua a acheté six poules rousses au marché. Elles picorent dans la cour des boys, et c'est John qui leur donne à manger. Il y a de nouveau des camions sur les routes, l'inflation ralentit, mais le commerce va mal. Sa sœur Ata vient tous les mois à Accra pour se fournir en tissu pagne.

Manté parlait avec précaution au début, comme s'il attendait la contradiction. Après, il a oublié ses précautions et il s'est mis à parler sans arrêt, tel un homme affamé à qui on donne de la nourriture, a pensé Joy en écoutant attentivement, sans bouger pour ne pas le distraire et détruire la magie de l'instant : eux deux sous les étoiles, sans personne pour les déranger et aucun autre bruit que le chant des grillons et les battements assourdis des tamtams, au loin. Ils n'avaient jamais parlé comme ça auparavant, et peut-être qu'ils ne le referont jamais après le retour d'Efua. Elle sera là tout le temps. Joy a offert à Manté l'épingle à cravate, en or véritable, toute brillante, payée pour moitié par Papi, Mamie n'en saura rien. « Superbe, a dit Manté en battant des paupières. L'or sort du Ghana et ma fille le rapporte. » Joy a souri en se demandant si c'était vraiment de l'or ghanéen.

Joy a parlé, elle aussi, elle a parlé de la Lodge School avec ses règles et ses interdictions, de Ruby qui avait jeté un tabouret par la fenêtre et qui était partie définitivement, et de toutes les choses que Mamie et Papi Barton ne comprendront jamais, par exemple la sœur de Suzanne qui s'est fait dévaliser par un jeune Noir à Clapham Common et tous les autres regardaient Joy de travers en chuchotant derrière leurs mains blanches. On l'a encore regardée de travers quand Winston Silcott a été condamné pour le meurtre d'un agent de police à Broadwater Farm, comme si c'était sa faute. Même Maxine n'a pas compris ce qu'elle ressentait, mais Manté, qui a passé trois ans à Londres pour ses études, Manté comprend.

Finalement, Joy a dû aller se coucher parce qu'elle avait mal à la tête et que ses yeux se fermaient tout seuls.

« Bonne nuit, ma fille, ne t'en fais pas, ta belle-mère et ton frère seront là demain. »

De son lit, elle a entendu Manté décrocher le téléphone, et ça l'a réveillée instantanément. Il a appelé plusieurs personnes. Joy n'entendait pas tout, mais c'était chaque fois la même chose, bonsoir, puis des questions polies et la voix qui devenait plus grave quand il demandait inévitablement si on avait vu Efua et Yeo, et pour finir il raccrochait.

Après, dans le silence, Joy s'est demandé ce qu'il faisait. Est-ce qu'il restait assis, désespéré, la tête entre les mains ? Est-ce que ça lui ferait plaisir si elle allait lui parler ? On dit toujours qu'une peine partagée est à demi soulagée. Oui, mais, s'il ne voulait pas admettre qu'il avait de la peine ? En fin de compte, elle s'est endormie.

« Tu as pu savoir quelque chose ? » demande Joy, les yeux baissés sur l'œuf décalotté.

Derrière la véranda, des étourneaux au plumage lustré, bleu-noir à reflets irisés, se chamaillent dans le pamplemoussier.

« Rien. »

Manté secoue la tête. Il est en chemise et pantalon blanc, prêt pour le bureau, le bracelet en or de sa montre passé sur le poignet de la chemise.

« Mais il n'y a aucun souci à se faire, Joy. Les malheurs s'apprennent vite, comme on dit, et s'ils avaient eu un accident on nous aurait prévenus à l'heure qu'il est. Ce doit être un malentendu. Efua a beaucoup d'amis…

— Tu ne crois pas qu'elle a pu se faire kidnapper?

— Comment ça, kidnapper? gronde Manté. Qu'est-ce que c'est que ces idioties? Le Ghana est un pays civilisé. Ma femme a pris la voiture que je lui ai achetée il y a un mois, et elle a emmené Yeo et la nounou. Ça ressemble à un enlèvement?

— Non, mais… il a pu arriver quelque chose.

— Tu regardes trop la télévision en Angleterre. On en parle dans nos journaux, des jeunes qui regardent trop la télé et n'ont plus de respect pour leurs parents. La violence, les personnes âgées agressées dans la rue. La semaine dernière, je disais : "C'est une chance que ma fille Joy soit dans un internat, avec toute cette violence dans les lycées anglais, ces enfants qui se droguent et reniflent de la colle." Je le disais à Efua pas plus tard que la semaine dernière.

— Oh, ce n'est pas partout comme ça! Je veux dire, on n'a rien de tout ça à la Lodge School. »

Manté a fini son petit déjeuner. Il repousse sa chaise.

« Je dois être au bureau à huit heures, dit-il en regardant sa montre. Je suis toujours à l'heure, c'est un bon exemple pour le personnel.

— J'imagine que je ne peux pas venir avec toi ? » demande Joy d'une petite voix.

Elle a fait des milliers de kilomètres toute seule, mais ça suffit, elle ne veut plus être seule.

« Je promets de ne pas parler ni rien. Je peux porter ma lecture. C'est *Tess d'Urberville.*

— Vaut mieux pas. Les collégiennes n'ont rien à faire dans les ministères, Joy. Et puis je voudrais que tu répondes au téléphone.

— John ne peut pas le faire ? »

Joy regarde dans le vide, par-delà la véranda. Est-ce qu'il a honte d'elle, son enfant café au lait, son brin de riz sauvage, maintenant qu'il est chef de cabinet au ministère. La dernière fois, il l'avait amenée au bureau.

« Je ne veux pas que les boys commentent ma vie privée. C'est une affaire de famille.

— Alors, qu'est-ce que je fais ? demande Joy en avançant la lèvre inférieure pour cacher sa déception.

— Tu te reposes pour récupérer du décalage

horaire. John s'occupera de ton déjeuner et je serai de retour pour le dîner. Sans doute qu'Efua sera rentrée aussi, et on rira de tout cet affolement », dit-il en souriant sans conviction.

De la véranda, Joy suit du regard la voiture qui s'éloigne sur la piste en latérite. Le bungalow voisin est trop loin pour favoriser les relations de voisinage. Des citrus et des hibiscus rouges émaillent çà et là la maigre prairie. Une brume matinale plane au-dessus du sol en nappes blanches irrégulières. Derrière le lotissement et ses bungalows, la plaine s'étend jusqu'à l'horizon où se découpent de petites collines bleues. On n'est jamais vraiment seul en Afrique. Joy entend des tam-tams, si faibles dans le lointain qu'on dirait les battements de son cœur.

« Où a bien pu aller Efua, à ton avis? » demande-t-elle lorsque John vient débarrasser la table du petit déjeuner. Elle sait qu'elle ne doit pas l'aider, parce que ça ne ferait que l'indisposer.

« Madame, elle dit pas. (John se frotte la joue d'un air perplexe.) Madame, elle prend souvent l'auto et elle dit pas.

— C'est à cause de moi? » demande Joy en

traçant un arc de cercle dans la terre rouge avec le bout de sa chaussure. Tout le monde sait comment ça se passe avec les belles-mères.

« Peut-être qu'elle ne voulait pas que je vienne ou je ne sais quoi, reprend-elle.

— Madame elle veut Joy, Madame elle dit souvent, elle veut Joy dans sa maison. La pitite de Missié qui vient d'Angleterre. Madame, elle parle de Joy souvent. »

Il a un doux sourire rassurant, et pourtant Joy ne lui fait pas totalement confiance. Il travaille comme boy depuis l'âge de dix ans et il a appris à ne pas déplaire aux gens. Joy tire sur le devant du tee-shirt que Mamie lui a acheté le jour de la sortie des classes. « Je ne peux pas te laisser partir comme ça avec des vêtements trop petits. » Elle devrait écrire à Mamie, ou au moins commencer *Tess d'Urberville*. Pas tout de suite. Elle est trop énervée. Son mal de tête s'est un peu apaisé, mais d'étranges échos continuent à résonner dans son crâne, des nasillements et chuchotements de voix inconnues. Où est passée Efua ? Si sa voiture est tombée en panne, pourquoi n'a-t-elle pas appelé ?

« *Efua et Yeo toujours pas là* », écrit-elle dans son journal à la date du 21 juillet. Et si Efua ne revenait jamais ? Il ne faut pas imaginer des choses pareilles, ça porte malheur. Il suffit de désirer très fort pour être exaucé. Mais ce n'est pas son désir. Elle veut voir Efua et, plus que tout au monde, elle veut voir Yeo. Elle est contente d'avoir Manté pour elle seule, mais ce n'est tout de même pas sa faute si Efua et Yeo ont subitement disparu, en plein jour. Quelque chose attire son regard dans l'angle de la véranda. C'est l'anse vert et blanc d'une tasse du nouveau service à déjeuner. Joy y passe le doigt. Quand a-t-elle été cassée ? John balaie la véranda presque tous les jours, comme il est en train de le faire.

Dans la chambre de Manté et Efua, les volets sont déjà fermés pour empêcher la chaleur de pénétrer. La pièce est plongée dans la pénombre. Il fait frais, malgré la climatisation éteinte. Joy reste immobile un instant, à écouter sa respiration et le balai qui heurte le mur de temps à autre. John tousse à cause de la poussière.

Une photographie de Yeo dans un cadre en argent ouvragé trône sur la table de chevet entre les lits jumeaux. Il ressemble beaucoup à Efua. Ses yeux ont les mêmes reflets roux, ses narines le même galbe fier. Il y a deux penderies neuves, blanches, soulignées de moulures dorées, et une coiffeuse assortie, de toute évidence celle d'Efua, avec toute une batterie de produits de beauté dans des petits pots blancs et roses.

La commode est à Manté. Il a posé dessus sa brosse à manche d'ivoire. Quand Joy tire le tiroir du haut, son cœur a des soubresauts désagréables. Des cravates, des mouchoirs, des boutons de col dans un coffret en cuir et une photographie retournée, une photographie de Joy dans le même cadre en argent. Elle l'a fait prendre juste avant la Noël. Manté l'a remerciée et a dit qu'elle avait l'air d'une grande fille. Pourquoi acheter un cadre en argent si c'était pour la mettre à l'envers dans son tiroir ? Elle est en colère et elle est blessée. Est-elle surtout en colère ou surtout blessée ? Est-ce qu'il a honte d'elle ou quoi ? Joy pose la photo sur la coiffeuse et la contemple un moment, puis la remet là où elle l'a trouvée, à l'envers. Inutile d'essayer de changer les gens, a dit Papi.

Joy se tourne vers les penderies. Efua a-t-elle emporté quelque chose avec elle? Difficile à dire. Dessus, il y a des valises empilées, et dedans, quatre uniformes bleus ornés de l'insigne de Ghana Airways. Cinq ou six robes-boubous pendues à des cintres exhalent de légères bouffées du parfum français d'Efua. Il y a aussi des pagnes en coton imprimé, bien propres et soigneusement repassés. C'est comme la *Marie Céleste*, songe Joy, mal à l'aise. Aucun signe d'un départ précipité. Les uniformes paraissent légèrement menaçants, mais c'est sûrement parce qu'elle ne devrait pas être en train de les regarder. Elle ferme brusquement la penderie. A la Lodge School, ça ne se fait pas de regarder dans les tiroirs et les placards des autres. Mais quand les gens ont disparu, ce n'est pas la même chose. Elle imagine les titres des journaux : « *Avis de recherche pour l'épouse d'un haut fonctionnaire.* » Ou : « *Mystérieuse disparition d'une reine de beauté.* »

Elle entend comme une friction violente derrière les volets, et ensuite un grand gémissement. Très étonnée, elle pousse les volets en bois, inondant la chambre de lumière. Juste à ce moment-là, quelque chose se fracasse sur l'égout en ciment qui fait tout le tour du bungalow. Une soucoupe cassée. Un liquide a giclé, presque de la couleur du sang. Il y a d'autres taches, rouge brique séché, sur le rebord de la fenêtre. Un chat noir file comme un éclair dans les broussailles. Efua met de l'huile de palme pour éloigner les fantômes, se rappelle Joy. C'est Winnie qui apporte l'huile de palme du bidonville.

« Où est Winnie, John? demande Joy. Je veux voir Winnie. »

Winnie était son amie et son guide la dernière fois. Winnie lui a appris la langue ga et beaucoup d'autres choses encore. Winnie sait tout sur la magie et les jeteurs de sorts.

« Winnie, elle est pas à Hillside. Madame, elle veut pas Winnie à Hillside.

— Où est-elle? »

Joy s'impatiente. Voilà pourquoi la maison semble déserte! Pas de Winnie égale pas de visiteurs, pas de conversations dans la cour des boys, pas de linge étendu sur des cordes, pas de pilage du foufou, juste les gloussements intermittents des poules dans la cour en latérite.

« Madame, elle dit que Winnie est bien au bidonville. »

John secoue la tête tristement mais sans rancœur. Même si cela l'oblige à faire tous les jours le trajet aller-retour à bicyclette, il ne conteste pas le droit des maîtres et de leurs femmes à agir par caprice.

« Tu peux me prêter ton vélo?

— Missié, il aime pas ça. Le papa, il dit que la pitite est bien à la maison. »

John hésite. Quelle serait la meilleure façon de ne déplaire à personne?

« S'il te plaît, John! supplie Joy. Et d'une, je ne suis plus une petite, tu l'as dit toi-même. Et de deux, je ne peux pas rester ici toute la journée. En plus, Winnie est mon amie, ma meilleure amie, précise-t-elle d'un ton sincère, soudain gagnée par un élan d'affection. Je te donne deux cédis pour le vélo.

— Winnie, elle veut voir Joy, répond John avec un sourire indécis. Okay, Joy va là-bas et revient bien vite ici ou alors John il a des problèmes. (Il roule des yeux pitoyables pour souligner ses paroles.) Plus de travail.

— Merci, John. »

Joy le suit dans le patio, jusqu'aux

chambres de service, où la bicyclette made in China est soigneusement rangée dans un réduit fermé à clé.

« Super! »

Le trajet n'est pas très long. Après quelques centaines de mètres sur la piste en latérite cabossée, on prend la route principale dans le sens de la descente et c'est toujours tout droit. Joy dépasse de petits groupes de femmes qui se dirigent vers l'arrêt du bus avec leurs bébés sur le dos et des paniers sur la tête. C'est ça, le voyage, le vrai voyage, se dit-elle tandis que le vent lui fouette le visage, c'est ça l'Afrique. Elle a parcouru des milliers de kilomètres sans rien voir d'autre que du ciel bleu et de la mer bleue. A présent, elle voit vraiment des choses. Elle s'imprègne de ce qu'elle voit et fait corps avec le paysage. Des deux côtés de la route, il y a des buissons à feuilles luisantes, des bosquets de bambous et de petits champs d'ignames et de manioc. Derrière, il y a des arbres, des manguiers, papayers et banians, et çà et là un cotonnier à l'écorce argentée. Des oiseaux s'envolent en criant sur son passage.

Le bidonville est à un peu plus de trois kilo

mètres, sous les arbres au bord de la route. Les cabanes s'éparpillent autour de l'unique robinet d'eau froide. Elles sont plus nombreuses que la dernière fois, pour autant que Joy s'en souvienne. De plus en plus de gens quittent la campagne pour venir chercher du travail en ville. Certaines cabanes sont faites de branchages et feuilles de palmier ramassés dans la brousse environnante. D'autres sont construites avec des emballages récupérés, qui contenaient des produits importés et portent encore les marques Nestlé, Singer ou Raleigh. Des chiens errants, blancs à grandes taches marron ou noires, de la taille d'un gros terrier, farfouillent dans les tas d'ordures. Il y a une forte odeur d'excréments et de fruits et légumes pourris. Une adolescente attend patiemment son tour à la fontaine, un seau sur la tête.

« Tu connais Winnie, la femme de John? » demande Joy d'une voix entrecoupée et un peu timide.

La jeune fille la regarde un moment d'un air interdit, car elle n'a pas l'habitude de voir des étrangers, puis elle sourit et désigne du doigt une cabane toute proche.

Joy pousse son vélo jusque-là et scrute l'obscurité de l'entrée. Au début, elle ne voit rien.

« Winnie ? chuchote-t-elle. Big Man ?

— Oui, oui, Joy. »

Winnie surgit du fond de la cabane en faisant claquer ses samaras sur le sol. Elle s'arrête un instant pour rajuster son pagne rouge et blanc sous les aisselles, puis elle jette ses bras autour du cou de Joy.

« Akwaba, Joy, tu es revenue ! Il me l'avait dit, que tu revenais. Oh, quel bonheur, quel bonheur ! »

Winnie recule, tout sourire. Elle a grandi. C'est une belle jeune femme, maintenant. Un nourrisson repose dans une corbeille dans un coin de la cabane. Une petite fille en robe bleue s'agrippe au pagne de sa mère et dévisage Joy avec de grands yeux ronds.

« Le bébé, c'est Ofori, annonce fièrement Winnie. Cette fille, Akosua.

— Et Big Man, où est Big Man ?

— Big Man habite chez sa tatie à Accra », répond Winnie en se mettant à parler en ga, la langue la plus normale pour les discussions amicales et les affaires de famille.

Joy se laisse submerger par les mots et s'aperçoit qu'elle les comprend presque tous.

« C'est la coutume, reprend Winnie. La cabane est trop petite pour Big Man maintenant. »

Elle rit de son jeu de mots. Pourtant, la cabane est effectivement petite, moins de trois mètres de côté, pas de fenêtres, un sol en terre battue et pour tout ameublement des tabourets, des nattes en guise de lits, des paniers et corbeilles et une vieille chaise récupérée dans les détritus de Hillside, que Joy reconnaît. Le toit, prolongé en auvent sur un côté de la cabane, abrite le poêle à pétrole sur lequel Winnie fait la cuisine.

« Tu veux t'asseoir? Tu veux un Coca ou un jus d'orange? »

Winnie offre un tabouret à Joy et sort une canette d'un grand panier dans un autre angle de la cabane pendant qu'Akosua gémit en tirant sur le pagne de sa mère.

« Tu fais encore du commerce? demande Joy, qui retrouve peu à peu les mots ga dans sa tête.

---

1. Les vieux bus et camions affectés aux transports publics et décorés d'inscriptions bariolées.

— Les affaires vont bien ici. »

Winnie tire le panier pour le montrer à Joy. Avant, elle vendait des bonbons à la sortie de l'école et Joy l'a aidée pendant quelques semaines. A présent, elle a agrandi son commerce et elle vend des boissons en canettes, du sucre, du thé, du lait en boîte, des conserves de viande, des peignes en plastique, des colifichets, des stylos et des cartes postales.

« L'année dernière, on a eu du mal, mais ça va mieux cette année. Les tro-tros et les mammy lorries [1] font marcher les affaires. »

Des enfants se sont rassemblés à la porte pour regarder à l'intérieur de la cabane. Winnie les chasse d'un geste.

« Ils ne voient pas souvent des filles comme toi, explique-t-elle, des filles blanches.

— Mais je ne suis pas blanche !

— Claire, disons.

— Tu sais qu'Efua a disparu ? Avec Yeo et Peace ?

— Ksss... »

Winnie prend Akosua sur ses genoux. A la seule mention du nom d'Efua, son visage s'est refermé.

« Il me l'a dit.

— Où a-t-elle bien pu aller? » demande Joy.

A une époque, Efua et Winnie s'entendaient bien, elles se parlaient souvent, même si l'une était la patronne et l'autre la femme d'un boy.

« Comment est-ce que je le saurais? s'étonne Winnie. Je n'habite plus à Hillside.

— Il y a eu une dispute ou quoi?

— Je ne palabre pas avec Madame. Madame s'est fâchée avec moi. Elle n'aime plus Winnie quand Winnie a deux beaux bébés. L'an dernier, quand le bébé de Madame est arrivé trop tôt et reparti dans sa famille du ciel, Madame était tout le temps fâchée. Elle me crachait dessus comme un cobra... sur Big Man aussi... Quand elle a vu qu'Ofori allait arriver, elle m'a renvoyée.

— Ce n'est pas juste.

— Juste? Qu'est-ce que ça veut dire? (Winnie soupire comme une femme mûre agacée par l'inexpérience de Joy.) Qui parle de justice? »

Les deux chambres de service avec leur douche froide et leurs cabinets équipés d'une chasse d'eau à Hillside Estate, sans être luxueuses, offraient beaucoup plus de confort à sa petite famille, mais c'est son mari, John, qui souffre le plus de la situation. Pour une jeune femme vive comme l'est Winnie, le bidonville a ses bons côtés. Chaque jour, elle s'assoit à l'ombre du grand arbre et elle vante sa marchandise en direction de tous les bus qui passent. Entre-temps, elle allaite son bébé et plaisante avec les jeunes gens du bidonville, en clignant ses grands yeux.

« Ce n'est pas bon pour lui, cette montée et cette descente à vélo. Il est tout le temps fatigué, il tousse..., explique Winnie en imitant à s'y méprendre la toux de John.

— Tu crois qu'Efua s'est enfuie à cause de moi? »

Le regard de Joy se détourne timidement de Winnie, explore l'intérieur de la cabane et se pose sur le bébé. Elle distingue ses traits maintenant que ses yeux se sont accoutumés à l'obscurité. C'est le portrait craché de John.

Winnie hausse les épaules.

« Quand le bébé de Madame est mort, elle a dit que le fantôme de la première femme était jaloux et avait tué son enfant.

— Margaret n'était pas comme ça, proteste Joy, elle n'était jamais jalouse de personne. Je veux dire, même si son fantôme était venu, il n'aurait pas fait de mal au bébé d'Efua, non, vraiment pas.

— Qui sait? Il y en a qui disent que la première femme est toujours jalouse. »

Winnie est allée en classe pendant six ans et elle ne défend pas la magie comme le ferait une femme de la brousse, mais pour elle, le fantôme malveillant est certainement la meilleure explication de la malchance d'Efua, mariée depuis huit ans et un seul enfant en vie.

« Madame ne voulait pas que Joy vienne. Elle voulait annuler encore le voyage et, quand Missié a refusé, elle a crié, jeté la vaisselle, oh! là! là! une de ces colères! (Winnie sourit. De toute évidence, John lui a décrit une scène en détail.) Tout le temps, elle a de nouvelles choses grâce à Ghana Airways, et tout le temps elle les casse.

— Où est-elle allée, à ton avis? demande Joy en sirotant son jus d'orange.

— Où? A Krempepong, bien sûr! Son village natal en pays ashanti. Là-bas, elle est tranquille. Il y a un lac à Krempepong, un lac sacré, paraît-il. Madame dit : "C'est terrible, pour une femme adehye qui a du sang royal, d'être mariée à un Omamba", et Missié dit : "Comment une femme moderne peut dire des choses aussi archaïques ?" Oui, oui… Madame est une femme moderne, mais toutes les semaines, Peace vient chercher ici de la vraie huile de palme pour éloigner les fantômes.

— Ce sont les chats qui boivent l'huile de palme », répond Joy d'une voix monocorde.

Peut-être qu'Efua a mis sa photo dans le tiroir à cause des fantômes.

« J'ai vu des chats, poursuit-elle.

— Peut-être des chats, peut-être des fantômes. »

Ofori s'est réveillé et commence à pleurer. Winnie le soulève et défait son pagne pour le laisser tomber sur ses hanches.

« Tu le connais ? demande Joy en tirant l'agneau en peluche de la poche arrière de son jean.

— Lambkin, dit Winnie. S'il n'a pas son Lambkin, Yeo doit pleurer de grosses larmes en ce moment.

— Tu es amie avec Peace ?

— Qui parle d'amis ? demande Winnie en fourrant son téton dans la bouche du bébé. Peace est la cousine de Madame, bon, et qui peut être amie avec une femme ashanti? En plus, elle parle mal l'anglais et pas du tout le ga. »

Au cas où Joy n'aurait pas bien saisi son propos, Winnie ajoute :

« Les Ga comme toi et moi et Missié sont gentils, mais les Ashanti sont féroces. Ils ne font que des problèmes. Tu sais bien qu'ils ont coupé la tête du grand chef britannique.

— Quel chef? Quand?

— Oh, il y a longtemps. Mais personne n'oublie. »

6

« *Je regrette que Winnie n'habite pas ici, à Hillside* », écrit Joy dans son journal à la date du 29 juillet. Elle suce le bout de son crayon. Une semaine s'est écoulée depuis sa visite au bidonville. John n'a pas voulu lui prêter sa bicyclette une deuxième fois, même contre des cédis. Joy n'a rien dit à Manté, apparemment c'est plus prudent. A présent, elle tient son journal à jour, assise sur son lit. Elle réduit les journées informes à de petits carrés blancs et elle relit ce qu'elle a écrit sur les pages précédentes, rêveusement. C'était moins monotone à la Lodge School, les petites joies, l'exercice d'évacuation en cas d'incendie, Suzanne qui avale un noyau de prune, le jour où Miss Beale s'est fait faire des reflets chez le coiffeur. Pour commencer, on n'est jamais seul à la Lodge School, on ne peut pas se dérober même si on en a envie.

20 mars. « *Ruby est partie. Personne ne sait où, mais Estelle dit qu'elle est montée dans une Mini Austin avec une assistante sociale en robe de jersey verte tricotée à la main.* »

« Ne t'occupe pas de cette fille, a dit Manté quand elle lui a parlé de Ruby, en sachant bien qu'elle aurait dû se taire. On ne devrait pas accepter les mauvais sujets comme ça à la Lodge School.

— Mais Ruby est noire, non ? Je veux dire... »

Qu'est-ce qu'elle voulait dire ? Que toutes les Noires doivent être solidaires entre elles ?

« Il y a des petits blancs et il y a des petits noirs, c'est tout », a répondu Manté. Mamie avait exprimé la même idée, à sa façon, quand elle s'était écriée : « Tu te prends pour Jésus-Christ ou quoi ? »

« *Efua et Yeo sont à Krempepong* », écrit Joy. Ce n'est pas parce que Winnie l'a dit, mais, finalement, la vérité sonne toujours vrai. Manté n'a pas l'air inquiet. Plus les jours passent et moins il s'inquiète. Il a dit à Joy de répondre que sa belle-mère était absente pour quelque temps si on lui posait la question. Elle a trouvé le village sur une carte et son regard a été immédiatement attiré par le long rectangle bleu, pareil à un tronçon de fleuve coupé, le lac de Krempepong. Elle sait que Yeo est parti là-bas… Yeo, Efua et Peace. Manté le sait lui aussi, mais il est trop fier pour admettre que sa femme s'est enfuie sans laisser un petit mot. Ou alors, il est peut-être trop fâché. Ruby qui casse la vitre, Efua qui casse la vaisselle, il se passe des choses affreuses quand les gens se fâchent. Manté en colère, ça fait froid dans le dos. Il y a longtemps, des portes claquées dans la nuit, des cris, et Manté disparu.

« *Qu'est-ce que je vais faire?* » écrit Joy. A la Lodge School, on a toujours quelque chose à faire, la sonnerie, Miss Beale ou les élèves-surveillantes sont là pour le rappeler. Au-dessus de sa tête, Bob Geldof, tout en haut du mur, regarde dans le vide. « Qu'est-ce que je dois faire? » chuchote-t-elle. Le vague demi-sourire ne fournit aucun conseil. Manté a quelques doutes au sujet de Bob Geldof. Un idéaliste, oui. Il a sauvé des milliers d'Éthiopiens menacés par la famine, mais sur le long terme, il vaut mieux laisser tout ça aux gouvernements et aux personnes compétentes. L'aide humanitaire crée une dépendance, comme la drogue. Des familles, des nations entières comptent sur les dons de nourriture au lieu de produire elles-mêmes ce dont elles ont besoin. L'abattage des arbres et l'érosion des sols partout en Afrique. Une production alimentaire qui diminue d'année en année. L'autonomie est indispensable pour le tiers monde, a dit Manté.

Joy est seule. En fait, c'est bien connu, on n'est jamais vraiment seul en Afrique. Les battements sourds des tam-tams au loin semblent l'attirer irrésistiblement tel un courant dans la mer. A part ça, c'est comme dans toutes les banlieues, les voitures quittent le garage le matin et rentrent le soir. Pourtant, Hillside a changé. Outre les élevages de poules et les potagers de l'opération « des fermes en ville », il y a une apparence un peu miteuse, la peinture écaillée et les murs sales.

Un jour, une femme en pagne bleu foncé et mouchoir de tête assorti a quitté un bungalow du lotissement pendant que Joy faisait quelques pas sur la piste en latérite. Elle s'est arrêtée, aussi majestueuse que la figure de proue d'un galion. Deux petits garçons se tenaient derrière elle.

« Vous êtes la fille de Manté Kwatey-Jones? a-t-elle demandé en souriant et en tendant la main. Je suis Adelaïde Boateng, du 17, Hill-side. Efua va bien? Je ne l'ai pas vue depuis quelque temps.

— Elle est partie.

— Oh, vous devez vous ennuyer! Vous voulez venir avec nous à la piscine, un de ces jours? J'emmène les garçons à la piscine d'Achimota presque tous les après-midi.

— Je n'ai pas de maillot, a bredouillé Joy.

— On vous trouvera bien quelque chose! a répondu Mme Boateng avec un grand rire.

— Excusez-moi, mais je n'aime pas beaucoup nager », a dit Joy. Elle s'est éloignée brusquement et elle a senti sur elle le regard déconcerté de Mme Boateng. Un des garçons a suggéré : « Peut-être qu'elle ne sait pas nager, hein, maman? »

Depuis, Joy fait un détour pour éviter le 17, Hillside. Elle préfère rester seule parce qu'autrement c'est trop difficile, on lui pose trop de questions. A Wanwangeri, elle n'était jamais seule, sauf dans sa case, la case que Grand-Maman lui a offerte quand sa cousine Ama est devenue adulte et a eu la sienne aussi. En réalité, Joy n'avait pas encore l'âge de recevoir ce privilège. De toute façon, elle entendait jusque dans sa case les bruits de l'enclos autour d'elle, les enfants, les poules, le pilage du foufou, les tapements de la canne de Grand-Maman.

Joy a écrit des lettres à Mamie, et des cartes postales à Maxine, Lettie et Grand-Maman. Depuis son départ de Wanwangeri, elle a envoyé tous les mois une carte postale illustrée à Grand-Maman, des chatons gris à poils luisants ornés d'un gros nœud rouge, des vues de Folkestone, des églises antiques, au choix. A présent, elle envoie une carte postale achetée à Winnie, l'hôtel Ambassador construit pour célébrer l'indépendance du Ghana il y a trente ans, un grand immeuble blanc aussi somptueux qu'un palais, sauf que la plupart des chambres sont fermées à cause des fuites dans le toit, a dit Manté, et les appareils qui ont coûté si cher dans la cuisine ne marchent plus, alors on fait tout cuire dehors. Grand-Maman aimerait sûrement voir le magnifique hôtel Ambassador.

Joy remarque un fin ruban de fumée qui s'élève derrière le bungalow voisin et monte dans le ciel bleu clair. Manté n'est pas encore rentré. Il n'y a pas de voiture dans le garage. Joy décide d'aller enquêter. Il fait meilleur à présent, mais le feu est plus loin qu'elle ne le pensait, derrière le quatrième bungalow du côté des chambres de service. Tété, le jardinier du lotissement, a attrapé un rat toto, ou rat de brousse, qu'il fait griller sur un feu. Il a retiré les viscères de l'animal et aplati le corps poilu sur des bâtons. On dirait une énorme chauve-souris. Tété a encore le couteau ensanglanté à la main.

« Oh! s'exclame Joy. Qu'est-ce que c'est?

— C'est bon à manger », répond Tété en souriant.

Il sent la fumée et la sueur. Ses yeux ont une légère nuance jaune.

« Bon à manger, un rat toto.

— Tu vas manger ça? »

Tandis que les flammes lèchent le pelage gris-brun, des centaines de minuscules mites rouges se réfugient dans l'abri temporaire de la tête, courant en tout sens sur le museau chauve et décharné du rat toto, pour finir par tomber dans le feu. Les flammes de l'enfer, la fin du monde, songe Joy, en tout cas la fin du monde pour ces petites bêtes.

« Hmmm, très délicieux ! »

Tété se lèche les babines à titre d'illustration, les yeux fixés sur Joy à travers la fumée.

« Bon à manger. Tu veux la cuisse ? »

Il se penche en avant, le couteau à la main, et fait mine de découper la viande.

« Non merci. »

Joy rentre au pas de course. Elle ne peut chasser de son esprit la vision du rat toto. Est-ce à cause des mites rouges et de ces centaines de vies, ou est-ce parce que le claquement des lèvres de Tété lui a rappelé Frank Jarrett ?

« Personne n'a appelé au téléphone ? »

La voix de Manté vient de l'obscurité. Il s'étire dans son fauteuil en rotin à l'autre bout de la véranda. C'est moins une question qu'une affirmation, parce que, si quelqu'un avait appelé, elle aurait couru le lui dire aussitôt. Ils le savent très bien tous les deux. Sans compter qu'il le lui a déjà demandé deux fois. Ils ont mangé les côtes de porc aux pommes et les frites préparées par John, suivies de tranches d'ananas, et maintenant ils le regardent débarrasser la table et emporter la lampe à l'intérieur, où n'iront pas les petits papillons de nuit.

« Non. »

Joy s'est perchée sur la murette qui longe la véranda. Des grillons chantent dans l'herbe, des serpents ondulent sur le sol et de petits animaux courent. Il y a tant de choses qu'elle aimerait savoir sur l'Afrique, le Ghana, les Ga, mais après leur conversation du premier soir, ils n'échangent plus que quelques mots de temps en temps, sur un ton qui devient artificiel. Pourquoi ne lui a dit-il pas dit la vérité sur Efua et Yeo et Krempepong? Aurait-il parlé davantage si elle avait été entièrement ghanéenne? La colère bourdonne en elle comme un essaim d'abeilles, mais elle ne doit surtout pas le montrer. Une enfant ingrate fait de la peine à ses parents.

« Personne n'a appelé », ajoute Joy quand le silence se prolonge et qu'une minuscule voix fâchée scande dans sa tête, en mesure avec le chant des grillons : « Dis-le, dis-le maintenant, parle ! » La conversation étouffe sous les secrets, les non-dits. L'ennui, c'est qu'elle ne sait pas comment parler à Manté. Elle n'a jamais parlé à aucun homme en dehors de Papi. C'était différent du temps de Margaret, Ferdy au squat et les amis qui venaient loger là dormaient par terre et s'éternisaient. Désormais, elle vit dans un milieu presque exclusivement féminin, entre le Smithy Cottage et la Lodge School. Elle entend les tintements de la vaisselle dans la cuisine et bondit sur ses pieds. Elle voudrait s'échapper.

« Je peux aider John ?

— Non, non ! (Son père repousse cette idée d'un geste de la main.) Le boy fait son métier de boy. Pourquoi avoir un chien et aboyer soi-même ? comme on dit en Angleterre, ajoute-t-il avec un petit rire.

— Ah oui, on dit ça ? »

Joy n'a jamais entendu ce proverbe et, de toute façon, elle ne connaît personne en Angleterre qui ait des boys.

« Je pensais… simplement, il a un long trajet à faire à vélo tous les soirs.

— Il est libre de dormir ici dans sa chambre s'il en a envie, répond Manté.

— Dans ce cas, Winnie serait toute seule. Je veux dire, c'est tout petit et tout moche chez eux… Big Man a dû aller habiter chez sa tatie à Accra et il n'a même pas onze ans.

— Ce n'est pas plus mal, dit Manté en bâillant. Tu as encore beaucoup de choses à apprendre, Joy, sur les coutumes africaines. On confie souvent les enfants aux tantes et aux grand-mères, à la famille étendue. Ici, on n'a pas besoin d'orphelinats ni de maisons de retraite. (Il parle lentement, la tête renversée en arrière, les yeux levés vers les étoiles.) J'avais à peine cinq ans lorsque ma mère m'a mis chez les missionnaires et je ne l'ai pas vue pendant une année entière. (Il hoche la tête et sourit d'un air mélancolique à ce souvenir.) Tous ces pleurs… nuit et jour… jour et nuit… des torrents de larmes… maintenant je suis un homme instruit, évolué, avec des diplômes anglais, au lieu d'être un pauvre cultivateur de cacao ignare.

— Tu crois que ça t'a fait du mal? demande

Joy en pensant au petit garçon en larmes. (Margaret appellerait ça de la cruauté.)

— Comment ça, du mal ? Est-ce que je n'ai pas un poste important au ministère... deux voitures... la climatisation...

— Mais... »

Joy n'achève pas sa phrase. Comment discuter avec quelqu'un qui déteste la contestation, quand elle voudrait plus que tout son approbation ? Des bribes de musique de jazz viennent du bungalow voisin. Joy regarde les fenêtres. Elle connaît ces gens de vue, à présent. Des Noirs américains, a dit Manté qui ne les apprécie guère. Des spécialistes attirés par les hauts salaires et les avantages qu'offre le gouvernement. Seule la couleur de leur peau est africaine. Ce sont des oiseaux de passage, venus dans leur intérêt personnel. Joy n'a pas essayé de leur parler. Ils lui donnent une impression désagréable de transitoire, comme si elle aussi ne faisait que se poser un instant à Hillside, tel un papillon.

Ses yeux se sont accoutumés à l'obscurité de la véranda sans la lampe. Elle distingue le visage de son père. Il plisse le front en contemplant ces longues jambes enveloppées du pagne bleu foncé à motifs d'oiseaux jaunes qu'il porte le soir. Il a surtout l'air de s'ennuyer et ce n'est pas étonnant, songe piteusement Joy, elle ne dit pratiquement jamais rien d'intéressant.

« Tu as... ça s'est bien passé à ton bureau? hasarde-t-elle d'une voix un peu tremblante.

— Comme d'habitude, répond Manté en riant de son grand rire de gorge pour montrer qu'il apprécie ses efforts. Tu parles comme une gentille petite épouse. Oui, oui... tantôt des gros problèmes, tantôt des petits problèmes, mais toujours des problèmes dans cette vie, ma Joy. Au bureau, Josué m'a demandé où j'avais trouvé cette belle épingle à cravate. J'ai dit : "C'est ma fille. Elle l'a apportée d'Angleterre." Mais tu es très seule ici, ce n'est pas bon à ton âge. »

Manté regarde le bungalow voisin comme s'il espérait y trouver une solution instantanée.

« Ça ne me dérange pas, dit Joy. Euh... tu prépares toujours ton livre?

— Quand est-ce que je trouverais le temps, entre le ministère, la société de taxis et la famille? On ne peut plus vivre avec un seul salaire par les temps qui courent... et avec ma femme en congé de maternité. Mais qu'est-ce que tu fais, toute seule toute la journée?

— Je tiens mon journal. J'écris des lettres, je lis... je réfléchis à des choses comme... comme la disparition de Yeo et d'Efua... et le chef anglais tué par les Ashanti invincibles...

— Le chef anglais? (Manté reste perplexe un instant.) Ah! tu veux dire Charles MacCarthy, le commandant en chef qui s'est fait tuer à Asamonkow, mais c'est loin, plus d'un siècle! J'en parle dans mon livre.

— Oui, lui, Charles MacCarthy, dit Joy, bien déterminée à continuer sur sa lancée. Ils lui ont coupé la tête, non? Et... je réfléchis à d'autres choses, par exemple que veut dire adehye...

— Adehye. (Manté se tourne vers elle.) Où as-tu entendu ce mot? Ça veut dire de sang royal. Ma femme Efua est adehye, petite-fille d'un chef ashanti.

— Tu ne me l'avais pas dit. Pourquoi est-ce que tu ne m'en as pas parlé? Je veux dire, je ne savais pas qu'Efua était ashanti, ni adehlye, ni rien.

— Ces choses n'ont pas d'importance dans le monde moderne.

— N'empêche qu'Efua est adehye et que Yeo est à moitié adehye et pas toi ni moi, c'est ça ? remarque Joy avec un petit rire. On n'est rien du tout ?

— On est omamba. De simples citoyens, si tu veux. Et fiers de l'être. Le peuple ga possède une culture ancienne. Il est venu du Bénin pour s'établir au Ghana plusieurs siècles avant les Ashanti. Mais, comme je dis toujours, ces différences de tribus et de castes ne sont plus de mise dans le nouveau Ghana, le nouveau monde.

— Quel nouveau monde ? »

Est-ce qu'il veut parler de Bob Geldof et de tous ces gens qui aident l'Afrique ou quoi ?

« Le monde dans lequel il nous faut vivre, répond Manté d'une voix lasse, les yeux perdus dans l'obscurité. Le monde qui appartient aux banquiers, aux économistes, aux industriels... le monde moderne... Le Ghana est un pays indépendant. Il y a trente ans, nous étions heureux de nous débarrasser de la domination coloniale. On a chanté, et dansé, on a fait mille belles promesses. Je n'étais qu'un petit écolier qui dansait avec les autres dans la rue, en criant "le Ghana pour toujours" et "le pouvoir au peuple". Mais le pouvoir est encore aux mains de l'étranger. Le Fonds monétaire international et la Banque mondiale, ces gens-là sont nos nouveaux maîtres. Tout indépendants que nous sommes, nous devons nous agenouiller devant eux, quémander. Produisez ceci, disent-ils, ne produisez pas cela. Changez de méthodes, achetez cet engrais pour vos terres, cultivez du cacao traité contre les maladies et des ananas verts pour l'exportation, élevez des lapins en plus des poules et des vaches, disent-ils. Il vous faut des spécialistes étrangers pour vous aider, des ingénieurs, des architectes, des informaticiens, des techniciens, et vous devez construire des hôtels pour eux et pour les touristes, et des routes, des piscines. Oui, oui, c'est un pays indépendant, oui, mais on doit faire ce qu'ils disent.

— Et si vous ne le faites pas?

— Ils ne nous prêtent plus d'argent. C'est aussi simple que ça. Or, nous avons besoin de leur argent. Sinon, le pays ne peut pas se développer et prendre sa place dans le concert des nations, il est condamné à rester dans le tiers monde. Qui emprunte ne choisit point. C'est bien vrai.

— Pardon, dit Joy, sentant sa détresse. Mais ça s'arrange un peu, non?

— Un peu, oui. On cultive plus de riz, plus de maïs d'année en année. L'autonomie. Nous devons apprendre à ne compter que sur nous-mêmes si nous voulons être vraiment indépendants un jour.

— Avant-hier, je suis allée voir Winnie au bidonville. Et Winnie dit que... (Joy respire profondément. Elle a commencé à parler de ce qui lui tient au cœur et quand on commence, il faut aller jusqu'au bout.) Winnie dit qu'Efua s'est réfugiée à Krempepong à cause de mon arrivée... parce qu'elle n'aime pas l'hôpital moderne et veut être avec les siens.

— Winnie dit que, Winnie dit que... Tu crois que je vais prêter attention aux commérages des boys? Ksss... Qu'est-ce que c'est que cette histoire d'être avec les siens? Je suis son mari, moi, Manté Kwatey-Jones, je suis le père de son enfant. Si Efua est allée passer quelques jours à Krempepong et qu'elle a emmené Yeo, c'est son affaire et la mienne. Winnie t'a dit aussi quand Efua allait rentrer? ajoute-t-il d'un ton ironique.

— Bien sûr que non. (Joy regarde ses

pieds.) Elle a parlé des Ashanti, c'est tout, de leur mauvais caractère. Comme quoi ils cherchent toujours la bagarre et gagnent toutes les batailles.

— C'est ce qu'on t'apprend dans ce collège si cher avec cours de diction et tenue du dimanche? On t'apprend à écouter les commérages des boys? »

Joy secoue la tête.

« Winnie a dû te dire aussi qu'on se disputait et qu'on cassait de la vaisselle? Au fond, tu es assez grande pour savoir que les maris et les femmes palabrent quelquefois, Joy, ça n'a rien de bien grave. (Manté se lève.) Ce soir, je vais travailler à mon livre, il ne sera pas de trop. Une histoire du peuple ga, on en a besoin. »

A la porte de la bibliothèque, il se retourne.

« Quant aux Ashanti, ils étaient bel et bien agressifs autrefois, mais ce ne sont pas des dieux, et ils ont perdu plein de batailles. Dodowa... Winnie t'a parlé de leur défaite à Dodowa... et Kumasi, leur capitale, réduite en cendres... Elle t'en a parlé, Winnie? »

Il prend un livre sur une étagère et le jette sur les genoux de Joy.

« Tiens, lis ça! »

Joy est trop agitée pour fermer l'œil. L'obscurité elle-même semble agitée, avec les grillons dans l'herbe sous la fenêtre, les nuées de termites ailés qui vont heurter la moustiquaire de la bibliothèque éclairée et, derrière, le crépitement de la machine à écrire. Ce qu'elle a dit au sujet des adehye, des omamba et des Ashanti invincibles l'a peut-être contrarié, mais au moins ça semble avoir ravivé son désir de travailler à son livre. Dans le lointain, les roulements de tam-tams continuent à résonner indéfiniment.

Joy finit par s'endormir, mais son sommeil aussi est agité. Elle rêve qu'elle explore un long couloir sombre. Il y a des panneaux sur les murs : « *Efua n'est pas là.* » Et : « *Yeo n'est pas là.* » Il y en a tout le long, jusqu'à Asamankow, à moins que ce ne soit Kumasi. Des guerriers battent leurs tam-tams, des guerriers ashanti, très grands, en peaux de léopard, avec des chaînes d'or autour du cou et des cuisses, et des clochettes accrochées à ces chaînes, qui sonnent au rythme de leur danse. Un canon rugit et jette un éclair qui illumine le champ de bataille comme en plein jour. Joy se réveille en sursaut.

« Tu dors, Joy ? »

Manté passe la tête par la porte. Quelqu'un marche en traînant ses samaras sur le ciment.

« Il y a une surprise pour toi. Tante Ata est là. Viens saluer Tante Ata de Wanwangeri ! »

7

« Oui, oui… du tissu pagne pour deux mois », dit Tante Ata en se renversant en arrière sur le dossier de la chaise longue. Elle rit de son rire qui semble jaillir du fond de son corps et qui ressemble tant à celui de Manté. Ata est quelqu'un qui rit beaucoup, elle a toujours été comme ça, sauf quand son fils Bolo est mort. Joy n'a jamais connu personne qui ait un tel appétit de vivre. Cela fait deux jours qu'elle est là. Elle est rentrée d'Accra en taxi, et elle a appelé John et Joy pour l'aider à transporter ses achats. A présent, les tissus sont empilés dans un coin du salon. Les bleus, verts, rouges et ors prennent des reflets chatoyants dans la lumière du soleil couchant.

« Apporte le thé tout de suite, John ! » ordonne Ata.

Elle porte un pagne noir à perroquets rouges. C'est un nouvel imprimé que Joy ne connaissait pas. Tante Ata aime suivre la mode.

« J'ai la gorge sèche avec toute cette poussière. (Elle tousse éloquemment et se passe la main sur le visage.) Oui, oui…

— En tout cas, tu as plein de tissus pagne », remarque Joy.

Elle tâte les étoffes d'une main experte. Elle aime ce toucher. L'émotion revient. Les anciens motifs, les nouveaux motifs. Est-ce qu'elle aimerait vendre des tissus pagne au marché d'Akwapawa comme Ata et Esi ? Elle imagine les cris des mamas du marché, le bruit des samaras qui frottent le sol, le cliquetis des seaux, les voix aiguës et les rires contagieux. En Afrique, les gens souffrent de la faim et de toutes sortes de calamités, et pourtant ils rient plus que partout ailleurs. Ils sont dans la vie comme des poissons dans l'eau. Joy s'interroge. A supposer qu'elle soit restée la dernière fois, est-ce qu'elle participerait maintenant à cette immense gaieté ?

« Tu les as eus bon prix ? demande-t-elle en servant le thé.

— Un peu. »

Ata souligne sa réponse avec un geste du poignet qui fait tinter ses bracelets. De l'autre main, elle prend sa tasse de thé. Elle parle un mélange de ga et d'anglais tout à fait personnel.

« Au moins, j'ai de quoi vendre, maintenant.

— Avant, tu achetais des tissus pagne à Kumasi ?

— Rien n'est simple de nos jours... Oui, oui, il fait chaud ici, trop chaud, soupire-t-elle en appuyant la tête sur le dossier et en fermant les yeux.

— Oui. »

Joy tire sur le devant de son tee-shirt. Elle transpire après avoir transporté les tissus. Derrière la véranda, le soleil descend à l'horizon, rosissant au passage toute la portion de ciel visible de là où se trouve Joy. Trop de rose, songe-t-elle soudain, en se rappelant les rhododendrons des jardins de Kew. Elle est allée les visiter avec Margaret un jour de juin, et toutes deux sont convenues qu'il y avait trop de rose. En regardant à nouveau Ata, Joy s'étonne de voir une lueur sous ses paupières baissées. Tante Ata la surveille. Au bout d'un moment, elle annonce :

« Ta grand-mère t'envoie un grigri avec ses salutations. (Elle se redresse sur la chaise longue et fouille dans son pagne à hauteur de la ceinture.) Tiens, Joy, j'allais oublier de te le donner. Il t'apportera la chance et un bon voyage.

— Voyage ? »

Le cœur battant, Joy prend le petit sachet en cuir attaché à une lanière de cuir. A l'intérieur, il y a un cauri blanc. Elle jette un regard inquiet à Ata. Est-ce que sa tante se souvient du grigri que Joy avait offert à Bolo juste avant sa mort, trop tard peut-être ?

« Tu la remercieras de ma part. Tu remercieras Grand-Maman pour le grigri. Dis-lui... dis-lui que je le porterai tout le temps. »

Elle serre dans sa main l'alliance pendue à son cou. « Joy Jones, tu as un long chemin à faire », a dit Margaret. Joy pense toujours à

Margaret quand il y a un changement dans sa vie.

« Pourquoi ne pas la remercier toi-même? propose Ata en ouvrant de grands yeux. Viens donc avec moi à Wanwangeri.

— Wanwangeri? »

Joy a la gorge nouée. Elle a envie d'aller avec Tante Ata, elle sent son esprit s'épanouir, tel un jeune plant au soleil, en sa présence si chaleureuse et rassurante. Mais a-t-elle envie de voir Grand-Maman, si prompte à se fâcher, qui tape avec sa canne aussi vite qu'un léopard? Est-ce que Grand-Maman a envie de la voir?

« Mais… Yeo… Si Efua et Yeo rentrent?

— Efua et Yeo sont partis pour Krempepong. Ils ne rentreront qu'après la naissance de l'enfant.

— Mais… je veux dire… elle a retenu une chambre au grand hôpital tout neuf. Tout est prêt. Manté dit que…

— Ksss… Les hôpitaux c'est l'affaire des hommes, les bébés c'est l'affaire des femmes et les femmes doivent choisir où l'enfant va naître. Ça n'a rien d'extraordinaire. Beaucoup de femmes retournent au village pour accoucher. Retour aux racines.

— Aux racines? »

Des Noirs américains et des Antillais retournent en Afrique en quête de leurs racines, des liens familiaux brisés par la traite des esclaves, mais tout ça n'a rien à voir avec Efua qui n'a jamais quitté le Ghana.

« Les racines, les racines, répète Ata. L'hôpital tout blanc et froid. Pas de chants, pas de danses, pas de matrone. La machine dit le bébé va naître aujourd'hui, demain, la semaine prochaine… (Ata frissonne.) Moi, je n'aime pas ça. Tu viens à Wanwangeri ? Grand-Maman compte sur toi.

— Je ne sais pas », répond Joy.

C'est pourtant bien ce qu'elle voudrait. Ne cherche-t-elle pas ses racines, elle aussi ? Elle ne les trouvera pas dans les briques et le ciment de Hillside.

« J'aimerais bien, mais… Tu as demandé à mon père ? Je veux dire, il se retrouverait tout seul.

— On lui demandera ce soir. »

Elle parle sur un ton calme, presque inexorable, comme si elle avait déjà tout décidé avant le retour de Manté. Tante Ata est une mama du marché, et les mamas du marché ont du pouvoir. Aucun dirigeant ne peut tenir longtemps sans leur soutien. Grand-Maman est une forte femme, elle aussi. Or, Grand-Maman et Ata veulent que Joy aille à Wanwangeri. Joy va machinalement dans la chambre et ses mains commencent à réunir dans un balluchon les affaires dont elle aura besoin. Elle laissera sa valise à Hillside, une valise ne ferait que l'embarrasser à Wanwangeri. Depuis l'arrivée de Tante Ata, Joy dort sur le lit de camp de Peace. Maintenant, elle est devant le lit à barreaux de Yeo. Le creux formé par sa tête dans l'oreiller bleu est resté tel qu'il était le premier jour. Elle ramasse doucement le cheveu bouclé entre le pouce et l'index et le glisse dans le grigri pendu autour de son cou. Peut-être qu'il portera bonheur à Yeo aussi, lui procurera un bon voyage et un bon retour. Elle tape l'oreiller en vue de ce retour.

« Combien ? Oui, oui, ma sœur est douée pour le commerce, toutes les femmes dans ma famille sont douées pour le commerce, pas vrai, Joy ? » demande Manté en admirant la pile de tissus.

Puis il dit, d'une voix plus forte :

« John, apporte à manger !

— Oui, Missié, tout de suite », répond John de la cuisine.

Juste après, le téléphone sonne. Manté disparaît dans sa bibliothèque et ferme la porte.

« Inutile de l'attendre », déclare Ata en s'asseyant à la table où John a déjà servi le poulet aux arachides et le riz. Des bribes d'un monologue chuchoté leur parviennent à travers la porte. Quand Manté revient, il a l'air contrarié.

« Un cousin de l'asantehene, le chef suprême des Ashanti », explique-t-il d'une voix rauque.

Soudain, il se tourne vers Ata et demande d'un ton furieux :

« Qu'est-ce qu'ils ont à me tarabuster ? Qu'est-ce que j'ai fait de mal ? Le meilleur gynécologue… le meilleur hôpital… la meilleure chambre particulière… qu'est-ce que j'ai fait de mal, hein ? (Ses yeux cerclés de rouge lancent des éclairs.) Dis-moi pourquoi ma femme revient à Krempepong, dans une case au milieu de la boue, et me ridiculise… tu peux me le dire ?

— Non, non… tu n'as rien fait de mal, répond Ata d'un ton apaisant. Cette femme, cette princesse ashanti, elle ne te vaut rien de bon, on te le dit depuis le début, ta mère et tes sœurs n'ont pas cessé de te le dire... »

Sa voix s'éteint. Ata ne trouve pas convenable de s'épancher ainsi devant Joy. Dans l'obscurité, des grillons chantent, des rats totos grattent la terre. Sur la véranda, on n'entend pas d'autre bruit que celui des couteaux et des fourchettes. Comme l'atmosphère devient de plus en plus pesante, Joy déclare d'une voix entrecoupée :

« Ma grand-mère veut que j'aille à Wanwangeri avec Tante Ata, mais je resterai ici si tu préfères.

— Non, non... tu vas à Wanwangeri, évidemment. Un enfant appartient à toute la famille et il n'y a rien pour toi ici, avec ma femme qui est partie. Va avec Tante Ata et transmets mes salutations à ma mère. Dis-lui que j'irai la voir bientôt. »

Il fait encore nuit quand Joy se lève. Tante Ata veut prendre le premier tro-tro pour éviter la grosse chaleur de la mi-journée.

« Mets ton uniforme du collège, que ma mère le voie, a recommandé Manté la veille au soir. Comment est-ce que je pourrais payer les livres de classe des enfants de ma sœur quand je dois acheter l'uniforme de la Lodge School et la tenue du dimanche, par-dessus le marché ? » Le blanc de ses yeux remuait dans l'obscurité. Avait-il peur de Grand-Maman, lui aussi ? Ça n'empêche pas Joy de se sentir vraiment godiche avec sa robe et son blazer de la Lodge School au beau milieu du Ghana.

Elle fourre Lambkin dans la poche de son blazer et s'avance jusqu'à la porte de la chambre de Manté, pour écouter la respiration rythmée comme le ronronnement d'un chat. Elle espère qu'il va se réveiller.

« Au revoir, Papa », murmure-t-elle.

La respiration s'interrompt. Un léger hoquet, un mouvement des lèvres, et le rythme redevient régulier. Il a dit au revoir hier soir.

« Viens ! » dit Ata.

Elle se dirige déjà vers la piste de latérite en faisant claquer ses samaras et en portant le balluchon de tissus sur la tête. Un trait de ciel gris clair se dessine à l'horizon, bordé de jaune citron. Hier soir, elles ont partagé la pile de tissus et Joy s'est entraînée à porter le plus petit ballot, si bien qu'elle a déjà le cou ankylosé. Elle enroule le « mouchoir » pour se faire un coussinet sur la tête et soulève son paquet de six rouleaux de tissu. Elle a hérité son corps de Margaret, à ce que dit Manté, mais son cou robuste doit être ghanéen, songe-t-elle en suivant Ata.

Cela fait plus d'une semaine que Joy est au Ghana. Pourtant, c'est seulement à l'instant où elle voit approcher le tro-tro illuminé, tel un petit bateau sur un vaste océan noir, qu'elle a vraiment le sentiment d'être arrivée en Afrique. Derrière elle, des femmes portant des paniers d'oranges et de tomates, des hommes qui vont travailler dans les bureaux et les magasins, montent en traînant leurs samaras, réduits au silence par un lever matinal. Une poule aux pattes attachées par un lien glousse et se débat de temps à autre sous le siège voisin.

Le bidonville grouille déjà de passagers en transit. Des mammy lorries s'arrêtent et repartent. Le jour se lève. Pourra-t-elle dire au revoir à Winnie? Dans chaque camion délabré, en plus du chauffeur, il y a un « cokseur » qui rabat la clientèle. Dès que Joy et sa tante descendent du tro-tro, un cokseur s'empare du ballot d'Ata en criant :

« Tu vas à quel village ? Mon lorry, il est très bien pour aller là-bas. Mon lorry, il va vite vite.

— Oui, oui, tu fais bien la réclame, réplique narquoisement Ata. Aburi. Nous allons à Aburi et l'autre lorry, il va vite vite. »

Mais le cokseur a déjà lancé les ballots de tissu sur le toit, et il est en train de les accrocher. Ata hausse ses larges épaules, respectant l'initiative.

« Il faut l'accrocher serré serré. Je n'ai pas envie de perdre la marchandise et mon argent. »

Elle rit de ce grand rire sonore qui réjouit Joy, la réchauffe comme un rayon de soleil. Le camion est peint dans deux tons de bleu. Les couleurs d'Oxford et de Cambridge, songe Joy, avant de chasser cette idée saugrenue. Non, bleu comme le lac de Krempepong au soleil et à l'ombre. *Suro basia*, dit la devise inscrite sur le capot. Joy réfléchit un instant, puis elle se rappelle ce que ça veut dire : *Crains les femmes.* Le cokseur n'en a pas l'air.

« Hé ! dit-elle, l'autre part le premier, il est déjà plein. »

Elle désigne du menton le camion orange

qui porte la devise *Qui emprunte ne choisit point* en anglais.

« *Suro basia* d'abord, okay », insiste le cokseur. Mais, voyant démarrer le camion orange, il essaie un autre argument :

« Lui, il conduit pas bien. »

Ata s'étire sur toute la longueur de la banquette, desserre son pagne pour être plus à l'aise, et s'essuie le visage avec le coin du tissu.

« Parle-moi d'Ama. Comment va-t-elle ? » demande Joy, lorsque, cinq minutes plus tard, le *Suro basia* s'apprête à partir avec force crachotements du moteur, parmi les vociférations et les adieux. Sa cousine et « sœur » Ama, la fille d'Ata, était son amie intime la dernière fois. Ata, qui a donné des nouvelles de tout le monde, semble éviter de parler d'Ama.

« Ama a un joli fils, Kofi, répond Ata en raidissant les épaules. Elle habite au village de Preko, maintenant.

— Elle doit te manquer, et tu dois lui manquer. Elle va encore au marché ?

— Pas souvent. (Ata bâille et ferme les yeux.) Elle a un enfant, il faut s'en occuper. »

Ata a toujours eu des enfants qui l'ont occupée, pense Joy étonnée, et ça ne l'a jamais gênée pour aller au marché.

La route grimpe et traverse bientôt une forêt émaillée de petits carrés de terre cultivée où poussent du manioc, des ignames, des gombos, des piments : des centaines de verts différents, des feuilles aussi foncées que le houx, d'autres aussi claires que le mélèze au printemps. Le camion n'a plus de vitres et l'air du matin est frais. Ata enroule son pagne tel un châle autour des épaules, sans ouvrir les yeux. En se retournant, Joy voit l'immense plaine d'Accra, couverte d'une herbe fine comme les soies d'un gros cochon rouge, qui s'étend jusqu'aux palmiers en bordure de la plage où déferlent les gigantesques vagues de l'Atlantique.

En bas de la pente abrupte, les sommets des arbres forment une sorte de coussin bleu-vert mystérieusement enveloppé dans la brume matinale. Il n'y a pas que le paysage qui soit mystérieux, se dit Joy en regardant les yeux clos de Tante Ata, les gens aussi sont mystérieux. Et Grand-Maman ! Quand Joy revoit en esprit la première rencontre avec Grand-Maman, elle sent son estomac se nouer.

Ce ne sera plus pareil, cette fois. D'abord, elle a deux ans de plus, et ensuite, elle connaît beaucoup plus de choses, par exemple… par exemple les fleuves d'Afrique, les conjugaisons françaises, comment disséquer les grenouilles, le hit-parade, Bob Geldof…

A Aburi, elles doivent attendre près de deux heures que le mammy lorry qui va dans la bonne direction fasse le plein de passagers. Ata achète un jus d'orange à l'éventaire et s'assoit à l'ombre pour bavarder et rire avec d'autres mamas du marché. Il est question de naissances, de mariages, de terres et de commerce. Pourquoi Tante Ata ne parle-t-elle pas aussi librement avec Joy? Est-ce parce qu'elle est à demi anglaise et évoluée? Autour d'elle, les gens semblent plus maigres, plus pauvrement vêtus, avec des plaies sur les jambes, qui deviennent grises en cicatrisant. Beaucoup d'enfants ont le nombril protubérant. Hernie ombilicale, a dit Manté, provoquée par le recours aux sages-femmes des villages. Est-ce que le bébé d'Efua aura un nombril comme ça? Et Yeo? A-t-il déjà des plaies sur les jambes?

Il est midi lorsqu'elles arrivent à Akwapawa, et le soleil brûle. Ata, peu disposée à entreprendre les trois kilomètres de marche jusqu'à Wanwangeri, achète de la soupe et des plantains grillés aux marchands de victuailles. Cette fois, elle fuit la compagnie et s'installe sur une flaque d'ombre. Après le repas, Ata défait son pagne, vérifie que son argent est en sécurité à sa ceinture, pose la tête sur le ballot de tissus et s'endort.

Joy, couchée par terre elle aussi, contemple la dentelle dessinée par les palmiers au-dessus de sa tête et les minuscules portions de ciel bleu derrière. C'est comme ça au Ghana, songe-t-elle, peut-être dans toute l'Afrique. Les gens vivent entièrement dans l'instant présent et en profitent au maximum. Est-ce que ça a un rapport avec le Ghana ou avec le fait d'être noir? En Angleterre, l'instant présent ne semble guère exister. Au Smithy Cottage, quand Mamie prépare un repas, elle élabore déjà dans sa tête les repas du lendemain. Même au jardin, Papi taille son Albertine ou plante des giroflées en rêvant aux semis de l'année prochaine. A la Lodge School, on prépare toujours l'examen suivant, tels des chevaux de course sautant la première haie. Devant, il y a d'autres haies qui se succèdent à l'infini.

Joy soupire à cette perspective et ferme les yeux. Imaginons qu'elle soit restée au Ghana comme le voulait Grand-Maman. Imaginons.

Quand elle se réveille, c'est au bruit de l'eau qui coule. Ata se désaltère et se lave le visage à une borne-fontaine, soufflant et glougloutant tel un dauphin dans le jet d'eau froide. Elle porte un gobelet d'eau à Joy. Le soleil s'est écarté de son zénith resplendissant. Il est à mi-chemin de l'horizon, et une légère brise ébranle le sommet des arbres.

« Est-ce que ma grand-mère a vraiment envie de me voir? demande Joy en époussetant son blazer. Je veux dire… je me suis enfuie, non? »

Son moi anglais trouve que ce n'est pas grave, mais à mesure que son moi ghanéen s'impose avec plus de force, cette conduite lui semble franchement odieuse.

« Elle voulait que je reste, je devais être son œil et son oreille… mais j'avais besoin de mes yeux et de mes oreilles pour moi, et je me suis enfuie. »

Ata refait son pagne.

« Les poulets restent au sol, mais le petit aigle s'envole dans le ciel », dit-elle tristement.

Son petit aigle Bolo est mort et ses autres enfants sont incontestablement des poulets incapables de s'envoler.

« Viens, il faut aller à Wanwangeri. Grand-Maman veut voir les tissus pagne et elle t'attend.

— Elle m'attend ? Tu lui as téléphoné ou quoi ?

— Il n'y a pas de téléphone à Wanwangeri. Ta grand-mère écoute les messages des tam-tams parleurs, elle apprend tout ce qu'elle a besoin de savoir... et d'autres choses aussi, des choses qu'elle préférerait ignorer », ajoute Ata après réflexion.

Elle soulève son ballot, le pose sur sa tête et avance lentement sur le chemin de sable qui mène à Wanwangeri. Joy lui emboîte le pas.

Des enfants attendent à l'entrée de l'enclos. Quand Joy s'arrête après avoir franchi la clôture de palmes, ils se massent autour d'elle. Une dizaine d'enfants aux yeux écarquillés, au ventre rond, momentanément muets de timidité devant Joy, leur sœur évoluée, visiteuse venue d'un autre monde et presque une inconnue. L'enclos paraît un peu plus petit qu'avant, mais les enfants ont tous grandi et maigri. Les aînés des garçons, Tété et Ofori, sont partis. Initiés à l'asafo de leur père, la société secrète de son clan, ils habitent dans la case des hommes. Deux autres enfants ont comblé le vide : le bébé d'Esi est encore un nourrisson, et Kwashi, le garçon aux yeux tristes d'Ata, a deux ans, car il est né peu après la mort de Bolo. Tawia, qui était une petite fille difficile à distinguer des autres enfants, a une allure différente maintenant qu'elle a succédé à Ama dans les rôles de fille aînée, porteuse d'eau et gardienne des petits.

« Salutations, Joy, et bonne arrivée, dit Tante Esi avec un grand sourire.

— Viens dans notre case », ajoute Tawia en ga, tandis que les petits s'enhardissent peu à peu, une main tirant sur le bord galonné de son blazer vert, une autre fouillant dans sa poche.

« Arrêtez ! » s'écrie Tawia. Les enfants reculent, sourient, sautent et dansent pour éviter la gifle.

« Ta case est juste à gauche, reprend Tawia. Viens avec moi. »

La portière en lanières de plastique vivement colorée qui masque l'entrée de sa case a pâli au soleil. Elle est couleur ficelle à présent. Joy entre et les lanières se remettent en place derrière elle, en cachant la lumière jaune du soir. A l'intérieur, la case est restée telle qu'elle se la rappelait, avec ses murs rougeâtres et friables au toucher, son toit ombragé, les nids de mouches maçonnes sur les poteaux qui soutiennent le toit de chaume. Sa valise rayée ravagée par les termites gît dans un coin, des paniers pendent à des crochets sur les murs, la natte est rangée dans un coin, mais il y a aussi un lit maintenant, un lit tout neuf, en bois verni de jaune.

« Grand-Maman l'a fait faire à Taro, le charpentier », dit Tawia en tirant le matelas de laine pour montrer les lattes de bois en dessous. Des restes de sciure tombent sur le sol de terre battue.

« La semaine dernière, quand elle a su que tu venais, ajoute Tawia.

— Comment pouvait-elle savoir? murmure Joy, en se rappelant que l'affaire s'est décidée la veille au soir seulement.

— Oh, Grand-Maman sait tout… enfin, presque tout! Elle savait que tu reviendrais. Elle le savait depuis le début.

— Bon. Mais je ne reste pas longtemps, s'empresse de préciser Joy. Juste un mois, il faut que je retourne en classe. »

Est-ce la fatigue, ou la délicieuse odeur de cuisine venue de l'enclos et de tout le village, fumée bleue dans la pénombre, qui donne à ses paroles une tonalité artificielle, aussi empesée qu'un napperon ?

Tawia s'assoit délicatement sur le lit neuf, à côté de Joy, et gonfle la poitrine pour faire ressortir ses seins pas plus gros que des berlingots.

« Moi, j'irai en classe pendant une année encore, et après c'est fini. J'ai trop de choses à faire, l'eau, les repas, les enfants et Grand-Maman.

— Elle va bien, Grand-Maman ? demande Joy en jetant un coup d'œil involontaire par-dessus son épaule.

— Oui. Elle dort tout l'après-midi, répond Tawia sur un ton adulte. Il n'est pas bon de la réveiller quand elle rêve peut-être et que son esprit s'en va de son corps, parce qu'il risquerait de ne pas revenir. Je me suis bien occupée de ton champ. Tu veux le voir ?

— Oh, oui ! »

Joy a mal au cou après avoir marché si longtemps avec sa charge inaccoutumée sur la tête, mais elle ne va tout de même pas l'avouer.

« On va au champ », annonce Tawia à sa mère Esi.

Les enfants se sont déjà rassemblés autour du foyer pour le repas du soir. Ils se sont assis en cercle, solennellement, attirés là par la faim et par l'odeur de cuisine.

« Vous feriez mieux de rester là », dit Tawia à l'intention de ceux qui semblent tentés de les suivre.

Le champ se trouve à la sortie du village. Il paraît plus petit et plus soigné que dans le souvenir de Joy. Au-dessus du vert vif des feuilles de manioc et de patate douce, le papayer se dresse à plus de trois mètres de haut, chargé de papayes vert-jaune aussi grosses que des melons.

« Tu vois ce taro? Il poussait à l'état sauvage dans la forêt, mais je l'ai arraché pour le planter ici. Je m'occupe bien de ton jardin, non? Grand-Maman m'a demandé de le faire, mais elle ne veut pas que je dorme dans ta case, même jusqu'à ton retour. (Tawia avance sa lèvre inférieure, puis elle imite la voix de sa grand-mère.) « Attends d'être une femme, c'est la coutume. Est-ce qu'un oiseau vole avant d'avoir des ailes? » Mais, bon, il y a eu les problèmes avec Ama et elle est allée dans la famille de Preko, alors maintenant j'ai sa case.

— Quels problèmes? demande Joy en effritant de la terre rouge entre ses doigts.

— Kofi s'est brûlé avec de l'eau bouillante et la famille de Preko était très en colère, dit Tawia en prenant un plaisir manifeste à raconter cette histoire. Sika dit que notre famille doit donner de l'argent à la famille de Preko. Grand-Maman s'est fâchée et après ça Ama est allée vivre avec la famille de Preko.

— Et le pauvre petit Kofi?

— Il va bien, à part sa cicatrice sur la jambe, toute blanche et un peu brillante. (Tawia fronce le nez d'un air dégoûté.) Tu parles d'une histoire! Les enfants se brûlent tout le temps avec l'eau des marmites ou avec le feu, jusqu'à ce qu'ils apprennent à faire attention. »

Tante Ata vient à leur rencontre à l'entrée de l'enclos.

« Ta grand-mère s'est réveillée. Elle te demande, Joy. »

La portière en plastique de Grand-Maman est toute neuve. Elle frémit, rouge, bleu et vert, dans la brise du soir.

« Je peux entrer, Grand-Maman ? » chuchote Joy.

Son cœur bat très fort. Elle a les paumes des mains humides.

« Akwaba, Joy, bonne arrivée. »

Grand-Maman parle d'une voix rauque. Elle est assise sur un tabouret juste à côté de l'entrée, sa canne entre les mains. Les lanières de plastique se remettent en place derrière Joy tandis que ses yeux s'accoutument à la pénombre. Le visage de Grand-Maman a vieilli. Il s'est flétri, mais le regard est toujours aussi vif.

« Salutations, Joy. Alors, tu reviens auprès de moi. Onyame est bon.

— Oui, Grand-Maman, je suis revenue, dit Joy dans la langue ga cérémonielle que lui a apprise Manté. J'avais promis. J'avais dit que je reviendrais. Mais juste pour un moment, car je dois retourner en classe dans un mois.

— En classe ?

— A la Lodge School, à Folkestone. Voici l'uniforme de mon école, et Manté m'a dit de te dire que j'ai aussi une tenue du dimanche. (Joy a la voix qui se brise, mais elle continue très vite.) Il dit qu'il va venir te voir bientôt.

— Oui, oui, murmure Grand-Maman, qui suit ses pensées sans se laisser perturber par les messages de Manté. Je savais que tu viendrais, Joy. Nous avons le même sang, toi et moi.

— Oui, Grand-Maman. »

Joy explore la case du regard et voit les cartes postales enfilées à une corde, derrière le tabouret de sa grand-mère. Les cartes forment un gros carré sur le mur, avec les vieilles églises sépia, les vues de Penfold, la dizaine de panoramas bleu vif de Folkestone, les chatons ornés d'un nœud rouge.

« Tu regardes mes cartes postales? demande Grand-Maman en se penchant pour les regarder elle aussi. Je n'ai pas de fenêtre dans ma case, je suis trop pauvre. Ces cartes postales sont ma fenêtre sur le monde. (Elle sourit, montrant de son doigt fourchu la mer bleue à Folkestone.) Est-ce que ma petite-fille évoluée m'envoie des cartes postales?

— Tu sais bien que oui, Grand-Maman. J'en envoie tous les mois de l'école.

— De l'école? (Grand-Maman secoue la tête d'un air irrité.) Quelle école? Tu n'es donc pas devenue une femme?

— Si, mais en Angleterre, je dois continuer à aller en classe jusqu'à l'âge de seize ans.

— Mes filles savent lire, compter, additionner les cédis, et c'est bien suffisant... suffisant pour n'importe quelle femme. (Les yeux de Grand-Maman ressemblent à de petits cailloux noirs.)

— Pas pour moi, bredouille Joy, qui a la gorge serrée et la bouche sèche. J'ai des examens blancs à la fin du trimestre prochain, et le brevet, et... »

Joy ne peut plus parler. Elle a l'impression de se noyer, submergée et paralysée par la volonté souveraine de Grand-Maman. Sa main agrippe l'alliance pendue à son cou. La voix de Margaret chuchote dans sa tête : « Joy Jones, tu as un long chemin à faire. » Joy s'efforce de répondre.

« Tu sais... j'aurai un métier... enfin, je pourrais être, par exemple... neurochirurgien. (Elle sait pourtant que ce n'était qu'une plaisanterie, cette histoire de neurochirurgien.)

— Neurochirurgien, qu'est-ce que c'est?

— Une personne…, chevrote Joy, qui n'est même pas sûre de connaître la réponse. Une personne qui perce des trous dans le crâne des gens….

— Une personne qui perce des trous dans le crâne des gens ? Qu'est-ce que c'est que ces atrocités ? Cette sottise ? Va me chercher à manger, immédiatement, Joy, je ne peux pas écouter ces idioties.

8

« Tu dors ? »

Tawia passe la tête entre les lanières en plastique de la portière. On dirait un petit animal qui lève son museau dans l'herbe. Après la tête viennent deux mains portant quatre boîtes de conserve vides.

« Pour les pieds de ton lit, dit-elle en entrant dans la case. Tante Ata dit que tu dois mettre chaque pied dans une boîte et les remplir de pétrole, sinon les termites vont manger le lit.

— Okay.

— Et tu dois te laver dès que tu sors de ce lit, sinon tu auras le mauvais œil toute la journée, ajoute Tawia d'un ton autoritaire, tout en examinant la case avec des yeux brillants de curiosité. C'est la coutume.

— Je sais. »

Joy observe dans un demi-sommeil sa petite cousine qui fait le tour du lit pour poser une boîte à côté de chaque pied et profite de ce prétexte pour examiner de près cette étrange « sœur » évoluée, qui a la peau marron clair comme la paille du toit, qui vole d'un continent à l'autre comme un oiseau, qui porte un pyjama à fleurs la nuit, une robe trop courte le jour, et qui parle si mal le ga.

« Qu'est-ce que c'est? »

Tawia regarde le poster, quelque peu froissé à présent, que Joy a pendu par les angles aux crochets sur le mur. Sa maison, c'est là où est Bob Geldof.

« Tu es sa calebasse? »

Tawia pouffe de rire et rougit de son impertinence.

« Calebasse?

— Oui, sa fiancée. »

Tawia ouvre de grands yeux ronds. Comment

Joy peut-elle voyager si loin et ne pas savoir ça ?

« Bien sûr que non », grogne Joy. (Est-ce que ça lui plairait, si c'était vrai ? Ces yeux et ce menton poilu, si près.)

« En tout cas, je te prépare un seau d'eau pour te laver. »

Tante Ata appelle. Tawia ne peut plus repousser davantage son départ. Elle s'éclipse par la portière en plastique.

Joy se redresse et s'étire. Son cou est raide et douloureux. Elle a bien dormi dans le lit fabriqué par Tako. Ni le cliquetis des seaux autour de la fontaine, ni les geignements des enfants baignés et rincés vigoureusement dans l'eau froide ne l'ont réveillée. Elle écoute un moment les bruits du matin à Wanwangeri, le pilage du foufou, les conversations et les rires, le tic-tac infinitésimal de la population d'insectes dans le toit, les gloussements des poules qui picorent devant la porte. Joy s'imprègne de l'idée qu'elle est revenue.

Dix minutes après, Tante Esi lui met dans les mains un bol de gali resté de la veille. Le repas du soir, aussi frugal soit-il, se consomme cérémonieusement, en silence, assis en cercle, chacun se servant dans le plat à tour de rôle, par ordre d'âge décroissant. Mais le matin, on mange simplement ce qu'il y a, et tant pis s'il n'y a rien.

« Salutations, Joy », dit Grand-Maman.

Son expression démontre qu'elle est prête à oublier leur entrevue malencontreuse. On a sorti son tabouret sur la plate-forme en ciment, devant sa case, pour qu'elle puisse mieux voir les nouveaux tissus qu'Ata et Esi lui présentent en les tenant devant elles, plaqués contre leur corps... rouge, vert, bleu chatoyant au soleil.

« Oui, oui... »

Grand-Maman examine chaque pièce de tissu, fait glisser l'étoffe entre ses doigts, vérifie la qualité, rit doucement devant les habituels motifs d'oiseaux et de fleurs, feint l'horreur devant les plus nouveaux et les plus audacieux qui imitent la typographie des journaux ou les sorties d'imprimante des ordinateurs. Il y a des cartes à jouer, des supersoniques et même des portraits de Jerry Rawlings en personne. Des enfants luisants de propreté et de savon assistent à la séance, assis en cercle autour du ciment, et reprennent en chœur les soupirs de Grand-Maman ou ses exclamations de joie et de consternation, en y ajoutant des mimiques de leur cru. Chacun a glissé sur son oreille l'un des feutres de Joy.

« Oui, oui, c'est bien, Ata », approuve Grand-Maman quand la présentation est terminée.

Esi se prépare à partir pour le marché d'Akwapawa, son bébé sur le dos, plusieurs rouleaux de tissus sur la tête, et ses deux petites filles courant derrière elle.

« Viens, Joy, dit Grand-Maman. (Elle se lève avec difficulté en s'appuyant lourdement sur sa canne.) Aujourd'hui, nous allons nous promener dans Wanwangeri. Tout le monde verra qu'Onyame est bon pour une vieille femme qui observe la coutume, car ma petite-fille est revenue auprès de moi.

— Oui… enfin, c'est seulement pour un mois, hein ? » susurre Joy.

Elle a parlé avec Manté avant de partir pour s'assurer que son séjour à Wanwangeri ne durerait qu'un mois tout au plus. Elle a l'intention de le dire et le répéter, quitte à déplaire à Grand-Maman. Mais Grand-Maman n'entend que ce qu'elle a envie d'entendre, et semble sourde aux paroles de Joy. Avec sa canne, elle tapote le bas de la jupe rayée de Joy.

« Trop court...

— Oh, c'est une jupe de l'an dernier, mais Mamie a pensé que... »

Joy s'interrompt. Que viendraient faire les opinions de Mamie à Wanwangeri?

« Si tu veux, je peux mettre ma robe de l'école.

— Ksss... La robe de l'école... Choisis plutôt un des nouveaux tissus pagne, ordonne Grand-Maman en balançant sa canne. Ata va te le coudre. Une jeune femme pudique garde ses secrets et ne montre pas ses jambes à tous les hommes d'Akwapawa.

— Euh... merci, murmure Joy. (Que dirait Grand-Maman en voyant son short de gym?) Je préfère celui-là. »

Joy montre du doigt un imprimé de tournesols jaunes sur fond grenat foncé.

« Joli joli pagne, fait le chœur des enfants souriants, tandis que les petites mains s'agitent gaiement. Pagne bien-bien. »

Joy constate avec plaisir qu'elle fait partie de la famille. Elle est touchée par la façon dont les enfants l'ont adoptée tout de suite.

Quoique... Leurs yeux scrutent ses habits différents, sa couleur de peau différente. Peut-être, mais que peuvent-ils savoir de ses pensées différentes?

« Tu as bien choisi, Joy, dit Grand-Maman. Le jaune signifie la richesse et les possessions, le rouge signifie la guerre, le jaune et le rouge ensemble signifient la force de vie. Viens... allons nous promener. »

Elles sortent lentement de l'enclos. Grand-Maman s'appuie sur sa canne et se tient à l'épaule de Joy. Elle paraît plus légère, ses mains et ses poignets sont aussi fins que des pattes d'oiseau, et la marche lui demande beaucoup d'effort. Les enfants suivent, dans un assortiment bigarré de shorts déchirés, de pagnes enroulés autour de la taille ou autour du cou. Ils se tiennent à distance respectueuse de la canne.

Dans l'atmosphère d'un bleu pur, on perçoit à peine le bruit lointain des tam-tams.

« Tu entends les tam-tams parleurs? murmure Joy.

— Je les entends. Mais le message ne vient pas de Krempepong... Le pays ashanti est de ce côté, c'est là que l'enfant va naître. »

Grand-Maman indique l'ouest avec sa canne. Joy se demande si Krempepong est loin. Une trentaine de kilomètres peut-être. Elle est plus près de Yeo qu'elle ne l'était à Accra. Et pourtant si loin.

« Tu as vu Yeo, Grand-Maman?

— Une fois. (Grand-Maman pince les lèvres.) La femme qui vole dans les airs a emmené l'enfant une fois.

— Manté dit que les Ashanti sont farouches, qu'ils aiment se battre…

— Farouches. (Grand-Maman savoure le mot.) Il y en a beaucoup par ici qui ont quelques gouttes de sang ashanti. (Un sourire voltige sur ses lèvres.)

— Nous aussi? »

Grand-Maman ne répond pas.

« Salutations, Bisi, salutations, Ya », dit-elle à deux femmes qui ont interrompu leurs occupations ménagères pour venir à la porte de leur enclos. Tout Wanwangeri était au courant de l'arrivée de Joy la veille au soir et, avec les enfants qui jouent les escortes, tout le monde est au courant de ses allées et venues. Est-ce que Kwamé sait qu'elle est là?

« Salutations, l'ancienne, répond Bisi en

souriant et en rajustant le pagne noué sous les aisselles qu'elle porte pour rester chez elle. Alors, ta petite-fille évoluée est revenue auprès de toi ?

— Onyame est bon. »

Grand-Maman hoche la tête respectueusement. La fierté et l'affection dans son sourire se teintent de joie triomphante, remarque Joy, non sans une certaine appréhension. Elle ne doit pas laisser croire à Grand-Maman qu'elle est revenue définitivement. Quelle idée !

« Salutations, Joy », dit Ya qui sourit elle aussi et, avisant la jupe rayée trop courte, se demande si c'est la dernière mode.

« Ça fait plaisir de t'avoir à nouveau parmi nous, ajoute-t-elle.

— Merci, Ya. Je suis contente d'être revenue, mais je reste juste un mois. »

Sur l'épaule de Joy, la main de Grand-Maman se crispe.

« Un mois seulement ? demande Ya en regardant tantôt l'une tantôt l'autre. Un si long voyage pour si peu de temps ?

— Je dois retourner en classe. J'ai un billet d'avion pour le 3 septembre », essaie d'expliquer Joy.

Grand-Maman se remet déjà en route, et sa canne tape le sol d'un coup sec à chaque pas.

« Ksss… l'école… percer des trous dans le crâne des gens… toutes ces atrocités… » marmonne-t-elle.

Les enfants, rejoints par des camarades venus de tous les coins du village, forment maintenant une horde, mais, connaissant le caractère de Grand-Maman, ils se tiennent toujours à distance. Le soleil monte très haut dans le ciel. Des lézards gris à gorge orange se prélassent dans la terre chaude et s'écartent vivement sur leur passage. Des chiens tachetés de noir ou de marron errent à la recherche de nourriture.

« Salutations, l'ancienne, salutations, vieille mère, salutations, Joy », disent les femmes de l'enclos suivant.

La plupart des hommes de Wanwangeri vivent de la pêche et sont partis vers le fleuve depuis longtemps. Seul Taro, le charpentier, et Sika, le potier et chef de village, sont encore là à cette heure. Kwamé… Joy entend les claquements du tour de potier et pense à cet après-midi dans l'intimité précaire du feuillage. Qu'est-ce qu'elle dira en voyant Kwamé? Est-ce qu'elle baissera les yeux?

« Salutations, vieille mère. »

La voix de Sika émane de l'obscurité de la grande case. Le tour de potier à double manivelle ralentit peu à peu pour finir par devenir silencieux.

« J'ai quelque chose pour toi. »

Il descend de son haut tabouret en essuyant la glaise sur ses mains, et tend à Grand-Maman la carte postale que Joy a envoyée, avec la photo de l'hôtel Ambassador.

« Salutations, Sika, dit Joy en regardant ses tennis. Je reste juste un mois. »

C'est absolument vital, elle doit le dire et le répéter. Elle jette un coup d'œil rapide dans la case où deux garçonnets, un instant désœuvrés parce qu'ils ont lâché les manivelles du tour, la dévisagent en souriant.

« Salutations, Kwamé, dit Grand-Maman qui s'évente avec la carte postale.

— Salutations, l'ancienne. »

La voix de Kwamé est devenue plus grave. Il vient à la porte de la case. C'est un jeune homme à présent, apprenti et héritier du métier de son père, un beau jeune homme, la peau satinée et le cheveu noir de jais, de grands yeux ourlés d'une frange de cils recourbés.

« Salutations, Joy. Tu pourrais rester plus longtemps, tout de même. »

Il lui serre la main. La sienne est légèrement collante à cause de la glaise.

« Salutations, Kwamé », bafouille Joy, rouge de confusion.

Elle voit dans son regard qu'il se rappelle bel et bien ce fameux après-midi, et le petit rire de Grand-Maman qui les observe tour à tour laisse supposer qu'elle sait quelque chose elle aussi. C'est difficile de garder des secrets à Wanwangeri.

« Je dois retourner en classe.

— En classe? s'étonne Kwamé. Tu vas encore à l'école?

— Ksss... l'école, grommelle dédaigneusement Grand-Maman. L'école, c'est pour les enfants, pour lire et écrire. Dis-lui, Kwamé, que l'école n'est pas faite pour celles qui sont devenues des femmes.

— Mais il faut que j'y retourne », marmonne

1. Faire la cuisine.

Joy d'une voix étranglée, sentant sur elle trois paires d'yeux interrogateurs. Ce sont ses affaires, non, et celles de personne d'autre. Est-ce que Grand-Maman a besoin de mettre tout le monde au courant? Elle en fait tout un plat. Joy sait d'expérience qu'il est inutile de protester. Pire qu'inutile, parce que Grand-Maman est assez taquine sur les bords. Grand-Maman fait et dit ce qu'elle a envie, on ne la changera pas.

« L'aigle élevé avec les poussins s'envolera, dit Sika sans quitter Joy des yeux. Elle sait préparer[1] ?

— Le crabe n'engendre pas un oiseau, répond sèchement Grand-Maman. Elle prépare bien. Elle fait le gali, le kenkey et l'abobo aussi bien que n'importe quelle jeune femme de Wanwangeri. »

Qu'est-ce qu'ils ont, à parler d'elle comme si elle n'était pas là? Joy se mord la lèvre rageusement. Il faut toujours dire ce qu'on pense, répétait Margaret, et faire ce qu'on a envie. Évidemment. Grand-Maman se remet en route, et sa canne fait tap-tap, telle une vrillette rongeant le bois. Quand Joy tourne la tête pour regarder derrière elle, Sika et

Kwamé sont toujours devant la poterie. Ils parlent ensemble, tout près l'un de l'autre.

« Salutations, l'ancienne, salutations, Joy, alors tu es revenue? disent les femmes de l'enclos suivant.

— Juste pour un mois », répond Joy.

Elle doit continuer à le dire, il faut qu'elle le dise, mais les mots sortent de sa bouche plus fort qu'elle ne le voudrait, et les doigts de Grand-Maman se plantent dans son épaule telles des griffes d'acier.

« Je reste juste un mois. »

Sur le chemin du retour, Grand-Maman agite sa canne pour disperser les poulets et les enfants.

« Juste un mois... percer des trous dans les crânes... toutes ces sottises... ces atrocités..., marmonne-t-elle. A ton âge, j'apprenais la sagesse auprès de ma grand-mère, le respect de la coutume...

— Tu as vu Kwamé? demande Tawia à l'entrée de l'enclos. (Elle s'approche d'un pas dansant, le pilon à foufou à la main.) Toutes les filles de Wanwangeri veulent être sa calebasse.

— Ne sois pas si vulgaire, dit Grand-Maman

d'une voix sifflante. Quand un petit oiseau chante comme un gros oiseau, il risque de se blesser avec le son de sa voix. Retourne à ton foufou et tais-toi !

— Oui, Grand-Maman, répond Tawia d'un air penaud. Pardon, Grand-Maman.

— Viens m'aider à couper les légumes, Joy », demande Tante Ata.

Elle est assise à l'ombre du toit qui s'avance au-dessus du grenier à provisions. Son fils Kwashi se tient sagement derrière elle.

« Comment ? (Grand-Maman s'arrête, les yeux brillants de colère.) Ça porte malheur de faire travailler un visiteur. Au Ghana, un visiteur a droit à ce qu'il y a de mieux, et il ne fait rien. »

Dès que Grand-Maman disparaît dans sa case et que les lanières de plastique se remettent en place, Tawia murmure :

« J'aimerais bien être un visiteur. »

Les enfants rentrent dans l'enclos un par un et passent sans bruit devant la case de Grand-Maman, redoutant sa mauvaise humeur.

« Alors, je vais chercher de l'eau, propose Joy, qui trouve un prétexte pour s'éloigner. La calebasse est presque vide.

— C'est Tawia qui va chercher l'eau, articule distinctement Grand-Maman, de l'intérieur de sa case.

— Mais... mais... je veux faire quelque chose. Je veux dire, ma mamie me laisse l'aider, je travaille toujours à Penfold. »

L'espace d'un instant, Joy pense au champ de fraisiers. « Une de nos meilleures cueilleuses. » A présent, ce seraient les prunes, et puis les premières pommes...

« Juste un mois... juste un mois, marmonne Grand-Maman. A Wanwangeri, les visiteurs ne travaillent pas, c'est la coutume. »

Joy se racle la gorge. C'est un conflit de volontés et elle ne peut pas se permettre de perdre.

« Je ne peux pas rester plus d'un mois, mais je ne suis pas un visiteur, déclare-t-elle d'une voix dont le son est plus ferme qu'elle ne le craignait. Comment est-ce qu'une petite fille pourrait être un visiteur ? J'ai quatorze ans et je dois retourner en classe, mais j'appartiens à cette famille et cette famille est la mienne. L'arbre au milieu de la forêt n'est pas emporté par la tornade. »

Un silence.

« Notre fille parle bien et connaît les usages, dit Tante Ata en adressant un sourire rassurant à Joy. Joy est la fille de son père.

— Manté a la bouche sucrée, répond la voix marmonnante de Grand-Maman. Mais les paroles, c'est niama-niama.

— Mon père a des tas d'ennuis... il a beaucoup de travail... et Efua...

— Il a choisi sa route, coupe Grand-Maman.

— Et tu as choisi la tienne », réplique Joy tout étonnée de son audace.

Soudain, les mots ga, les vieux dictons pétillent dans sa bouche.

« Celui qui ouvre le sentier ne voit pas toujours que le sentier est tortueux.

— Oui, oui... Joy dit vrai, approuve Tante Ata, le couteau à la main, le corps parcouru par un grand rire. Elle vole dans les airs comme un oiseau et, aussi brusquement qu'une noix de coco tombe de l'arbre, elle arrive à Wanwangeri, mais elle fait partie de la famille. Joy n'est pas un visiteur. »

Dans sa case, Grand-Maman se tait.

Joy, assise sur son lit, réfléchit à tout ce qui s'est passé et rédige son journal. Deux jours se sont écoulés. La forte odeur de pétrole qui emplit la case vaut mieux que d'avoir le lit mangé par les termites, se dit-elle. Peut-être qu'elle s'y habituera. 1er août. « *Arrivée à Wanwangeri. Vu Grand-Maman et parlé un peu. Pas vu Kwamé.* » 2 août. « *Vu Kwamé. J'ai dit à Grand-Maman que je restais juste un mois. Elle est très fâchée.* »

Tout cela est parfaitement vrai. Pourtant, les mots tracés au crayon traduisent mal le tumulte de ses sentiments. Avoir une maison à soi, c'est la plus belle chose au monde, disait Margaret, et Joy est la seule élève de la Lodge School à avoir sa maison à elle, même si ce n'est qu'une case en potopoto. Eh bien, ça n'a rien de sensationnel. Elle contemple le mur rouge granuleux. Bien sûr, elle apprécie. Au moins, il fait frais, plus frais que dehors en tout cas, et c'est bien de pouvoir échapper aux enfants. Elle s'est laissé contaminer par la déception de Grand-Maman devant la brièveté de son séjour. Mais que faire ? Même si on lui a gardé sa case pendant tout ce temps, geste qui ne peut la laisser indifférente dans un enclos aussi surpeuplé, même si on lui a fabriqué un lit exprès pour elle, ce n'est pas plus sa maison que la chambre mansardée au Smithy Cottage ou le lit sous la fenêtre dans le dortoir de la Lodge School.

Ce qui la gêne, ce n'est pas une histoire de lit ou de case, mais de sentiments. Si Manté voulait qu'elle reste, ce ne serait pas la même chose. Elle voudrait que Manté l'aime telle qu'elle est, et Grand-Maman aussi. Mais les gens ne dominent pas leurs sentiments, disait Margaret, et si l'on essaie de les changer, c'est comme si on se tapait la tête contre un mur de brique. Joy soupire. Peut-être qu'elle est vouée à se cogner la tête contre des murs toute sa vie. Elle est née l'année du lapin, a dit Maxine, voilà pourquoi elle est comme ça. Ce qu'elle veut par-dessus tout, c'est voir Yeo.

Dehors, le plus gros de la chaleur est passé. Les enfants sont allés jouer. La machine à coudre ronronne quand Tante Ata tourne la manivelle pour piquer le tissu de Joy, tandis que Tawia pile le foufou pour le repas du soir, et son battement rythmé est repris en écho dans une dizaine d'enclos là-bas.

3 août. « *Vu Kwamé.* » Elle plisse les yeux, pour essayer de voir des feuilles vertes en imagination, pour essayer de faire concorder

le garçon d'il y a deux ans et demi avec le jeune homme d'aujourd'hui. Est-ce qu'il avait déjà une frange de cils aussi épaisse? Toutes les filles du village rêvent d'épouser Kwamé, a dit Tawia. Pourquoi Sika se serait-il intéressé à ses talents de cuisinière s'il ne cherchait pas une femme pour Kwamé?

Imaginons qu'elle doive épouser Kwamé. Joy sourit, envisageant l'hypothèse comme on trempe un doigt de pied dans la mer. D'abord, elle se retrouverait adulte immédiatement. Plus de français ni de latin, plus d'écriteaux dans le couloir, ni de bulletins, ni de chuchotement après l'extinction des lumières, ni de vacances à Penfold. Elle laisserait tout ça. Pendant un court moment, cette idée semble curieusement attirante. Kwamé qui habiterait dans la maison du clan avec son père et les autres hommes, et qui viendrait le soir dans sa case, la poterie, le commerce de tissus, la vie à Wanwangeri pour toujours. Une fois la décision prise, elle n'aurait plus le choix.

L'autre possibilité, c'est la Lodge School, l'Angleterre, les examens, obéir pendant des années et des années et après... après, on ne sait pas parce que ce n'est pas prévu. Manté veut qu'elle soit première de la classe, non? Elle ne demanderait pas mieux. Cinq ans… dix ans… l'avenir est un pays inconnu. Et les choix sont légion.

Ce soir-là, il y a de la soupe aux arachides et du foufou, le foufou de Tawia confectionné avec de l'igname écrasé en une purée un peu gluante où des mains affamées prélèvent des portions en forme de boules que chacun déguste délicatement, y compris les petits enfants dodelinant sous le regard vigilant de Grand-Maman. A son retour d'Akwapawa, Esi a parlé d'un tissu pagne vendu et, dès la fin du repas, Grand-Maman veut connaître non seulement le prix obtenu, mais aussi les détails du marchandage, qui avait dit quoi, et le matabiche. Esi, stimulée par son public, raconte son histoire moitié en mots, moitié en gestes. Les enfants assis en cercle se régalent du spectacle, apprenant au passage les usages du marché et les coutumes des Ga.

Il fait nuit, et le ciel dégagé est semé d'étoiles quand les battements de tam-tam ont commencé à résonner, des battements si irrésistibles que même les enfants endormis se sont réveillés pour déguerpir avec les autres.

Esi et Ata les ont suivis plus lentement. Malgré leur fatigue, les battements de tam-tam leur faisaient retrouver leur pas élastique. Esi chaloupait en mesure et Ata décrivait de petits cercles. Même après une dure journée, tout le monde à Wanwangeri a encore assez d'énergie pour danser.

« Joy, tu vas danser ? demande Grand-Maman.

— Je crois que je préfère rester avec toi », répond Joy d'un ton hésitant.

Ama lui a appris la danse du mouchoir de tête et l'élégante adowa, mais elle ne se rappelle plus très bien les pas. De plus, Kwamé sera là. Imaginons qu'il lise les pensées de Joy... Kwamé va danser aussi, en martelant la terre battue avec ses pieds. Les hommes et les femmes ne dansent pas ensemble à Wanwangeri.

« Tu dois apprendre les danses des Ga, elles sont l'esprit de notre peuple. Esi te montrera, et Ata, déclare Grand-Maman, qui semble se réjouir néanmoins d'avoir Joy à ses côtés.

— Une autre fois », murmure timidement Joy.

Elle ne se rappelle peut-être pas bien les

pas, mais elle se souvient de l'ambiance, avec les tam-tams et les tourbillons de la danse de plus en plus rapides. On est comme emporté sur un manège, tant et si bien qu'à la fin on ne sait plus où on est, qui on est, ce qu'on veut.

« Je t'ai apporté ça d'Angleterre. »

Joy allume et éteint la petite lampe de poche chromée et se trouve soudain stupide.

« Je pensais que ça te plairait peut-être. »

Pourquoi est-ce que la lampe de poche plairait à Grand-Maman pour la simple raison qu'elle a plu à Joy, avec son bouton qui permet d'avoir une lumière rouge, verte ou blanche.

« Oui, oui, une jolie jolie lampe torche, dit Grand-Maman en souriant, tandis que ses doigts noueux vont et viennent pour faire alterner le vert et le rouge. Je vais la poser sur ma natte. Les vieilles femmes ne dorment pas bien la nuit. Le rouge, le vert et le blanc éclaireront la longue nuit noire. Écoute ! »

Grand-Maman se met une main en cornet derrière l'oreille.

« Quoi ? »

Joy tourne la tête vers la boule de lumière au centre de Wanwangeri, où des lampes pétromax sont accrochées aux arbres. Elle entend le tam-tam de Tété, les centaines de pieds qui frappent le sol en cadence et, derrière tout ça, un autre bruit, un lent battement irrégulier qui vient de l'ouest.

« Tu entends le tam-tam parleur?

— Je l'entends. Que dit-il? Il y a des nouvelles d'Efua et de Yeo?

— Pas de nouvelles. Il raconte une histoire. »

Comment un tam-tam peut-il raconter une histoire? Grand-Maman déclare fièrement, comme si elle avait deviné ses pensées :

« C'est difficile d'apprendre à déchiffrer le tam-tam parleur, plus difficile que d'apprendre à lire les livres. Ma grand-mère m'a appris. Le tam-tam a mille voix. Il peut coasser comme un crapaud, chanter comme une sauterelle ou crier comme une chauve-souris. Un bon déchiffreur doit les apprendre toutes.

— Tu pourrais m'apprendre à déchiffrer le tam-tam parleur? » chuchote Joy.

La nuit tiède les enveloppe de douceur. C'est l'heure des confidences.

« Il faut avoir du sang ashanti pour le déchiffrer, explique Grand-Maman.

— Mais tu es une Ga, tout de même. Manté dit que les Ga…

— Mon fils ne sait pas tout, répond Grand-Maman avec un petit sourire. Une mère garde ses secrets. Cette femme qui vole dans les airs n'est pas la seule à avoir du sang ashanti. Il y a longtemps… des milliers et des milliers de lunes… les Ashanti et les Britanniques se battaient, Kumasi avait brûlé et les guerriers ashanti se sont cachés dans la brousse. Oui, oui, c'était effrayant. (Grand-Maman se balance d'avant en arrière sur son tabouret et scrute l'obscurité comme si elle voyait se dérouler le film du passé.) Ma grand-mère était jeune alors, très jeune. Elle travaillait au champ, toute seule. Soudain, un guerrier a surgi de sa cachette dans les broussailles… un très grand Ashanti vêtu d'une peau de léopard… elle l'a accueilli et lui a donné à manger. Plus tard, une fille est née, ma mère. Très grande, elle était, très farouche, farouche… »

Les yeux de Grand-Maman se ferment et sa tête s'affaisse sur sa poitrine. Joy contemple l'obscurité. Elle ne voit pas l'enclos silencieux, ni le cercle de cases, ni les ombres projetées par la lampe pétromax, mais une jeune fille qui brise la terre avec sa houe, une jeune fille qui plante des graines de papaye et des ignames. Le guerrier ashanti bondit de derrière un buisson, très grand et vêtu d'une peau de léopard… un collier d'or garni de clochettes en or, et des anneaux de cheville en or, avec des clochettes également, qui tintent quand il court dans la brousse.

« Alors, tu es un quart ashanti? » chuchote Joy.

Grand-Maman marmonne dans son sommeil, sans se réveiller.

9

Joy redresse le buste, puis se lève pour examiner son ouvrage. Elle est à Wanwangeri depuis plus de deux semaines à présent, et elle passe le plus clair de son temps à travailler dans son champ. Le vert des ignames et du manioc est interrompu désormais par le rectangle rouge foncé où elle a brisé la terre avec une houe empruntée, en vue des semailles. Demain, elle plantera les graines de tomates, de haricots verts et de piments qu'Esi lui a données. Elle a attrapé un mal de dos à force de s'accroupir, ses mains sont toutes endolories. Bisi et Ya sont venues travailler dans leurs champs et elles ont parlé toutes les trois. Tawia leur a apporté de l'eau à boire. Mais Joy est demeurée seule le reste de la journée.

Le champ est juste à la sortie du village. Entre les troncs de palmiers, aussi raides et gris que des crayons, elle voit les palissades délabrées des enclos et les cases paillées qui les dépassent en hauteur. Le soleil commence à descendre vers l'horizon, de la fumée bleue s'élève en une dizaine de rubans distincts sur le ciel rose : le repas du soir se prépare.

Joy crache sur ses mains couvertes d'ampoules, les frotte avec un vieux chiffon pour enlever la terre et sort son journal intime. Elle a du mal à le tenir à jour parce qu'elle n'est jamais seule, sauf la nuit, dans l'obscurité. A ses pieds, deux papayes vert-jaune cueillies sur son arbre attendent qu'elle les porte à Grand-Maman, très friande de leur pulpe rose acidulée.

Le soir venant, une légère brise agite les broussailles des environs et fait voltiger des feuilles. Joy jette un regard inquiet autour d'elle. Sous les broussailles, il y a une ombre violet foncé. Et le guerrier ashanti, avec sa peau de léopard et ses clochettes d'or? Où était-il caché, voilà des années et des années? Son arrière-arrière-grand-mère, où l'a-t-elle découvert? Est-ce qu'elle brisait la terre de ce champ-là, précisément? C'est une propriété familiale, elle est à eux et à Onyame.

8 août. « *Je suis un seizième ashanti, sept seizièmes ga et huit seizièmes anglaise.* » Ce guerrier ashanti est son arrière-arrière-grand-père. Ses racines. Une de ses arrière-arrière-arrière-grand-mères était une Ashanti. Son squelette gît quelque part en pays ashanti. Peut-être dans la capitale Kumasi, ou à Krempepong. Elle, Joy, pourrait avoir des liens de parenté avec Efua, sa belle-mère. Est-ce pour cette raison qu'elle a tellement envie de voir le petit Yeo? « *Yeo est neuf seizièmes ashanti, écrit-elle, et seulement sept seizièmes ga.* »

A la Lodge School, on la traite assez innocemment de « café au lait ». Elle sourit sans rien dire. Elle est habituée à tous ces qualificatifs, mulâtre, métisse, métèque, voilà les mots qu'employaient ses copains à Londres, en plaisantant ou non. Il faut s'y faire, disait Margaret. D'ailleurs, qui est de race pure, à part les rois, les chevaux et les chiens ? Si le peuple anglais est un mélange de Celtes, de Romains et d'Anglo-Saxons, il n'y a que des métis dans ce pays. La seule différence, c'est qu'ils sont blancs.

Une brindille cassée. Des pas. Joy sursaute, mais la personne qui avance sur le sentier, vêtue d'un pagne bleu et jaune fané, n'est pas un guerrier ashanti. C'est Ama, sa cousine.

« Akwaba, Ama, salutations. Ah, ça fait plaisir de te voir ! »

Les deux amies s'étreignent chaleureusement.

« Salutations, Joy. Je suis venue à pied du village de Preko. Je n'ai pas pu partir avant. »

Joy n'avait pas remarqué l'enfant, Kofi, qui dormait dans le dos d'Ama, mais se réveille quand elles s'assoient toutes deux sur un tronc de palmier couché. Ama desserre son pagne.

« Je me demandais si tu viendrais, dit Joy.

— Bien sûr que je viens voir ma sœur ! répond Ama en prenant Kofi sur ses genoux. Kofi voulait te voir, lui aussi, hein, Kofi ? »

Joy tend la main en souriant, mais le petit garçon détourne la tête timidement.

« Il est mignon », dit-elle poliment, comme il convient de le faire.

Ama soupire, laisse Kofi glisser sur le sol, où il s'accroche aux genoux de sa mère en se suçant le pouce. La trace de la brûlure est bien visible, bleutée sur sa jambe, avec un trait rose au milieu, qui grigne comme une fermeture Éclair.

« Pauvre petit, ça a dû être affreux », remarque Joy.

Aussitôt, les yeux d'Ama s'emplissent de larmes.

« Mais je suis sûre que c'est fini maintenant, ajoute Joy, sa jambe est guérie… presque.

— Ce n'est pas fini pour moi, répond Ama d'un ton pitoyable. Toujours, la jambe est là, pour me faire honte. »

Elle a encore son visage d'adolescente de quinze ans, mais amaigri, les traits tirés, et la pitié se mêle à une certaine répulsion dans le regard qu'elle pose sur Kofi.

« Il a renversé la casserole d'eau bouillante, mais ils disent que c'est ma faute, Preko, sa mère, toute sa famille me le reprochent, Grand-Maman aussi. »

Brusquement, elle tire Kofi contre elle, s'enfouit le visage dans la petite chevelure frisée et fond en larmes.

« Pardon…, chuchote Joy, qui est triste de voir le chagrin d'Ama mais ne sait pas quoi dire. Pardon…

— Oh, Joy, oh!… Je ne voulais pas… »

Ama se mouche dans les herbes et s'essuie le visage avec le coin de son pagne, puis elle pose Kofi par terre.

« Va jouer. »

Ama fait un signe de la main, mais le petit garçon reste immobile, agrippé au pagne, habitué qu'il est à voir tout le monde s'occuper de lui. Sa jambe brûlée est plus maigre que l'autre et un peu atrophiée. Ama a raison, personne n'oubliera jamais ce qui est arrivé. Kofi les regarde à tour de rôle avec de grands yeux noirs accusateurs.

« Raconte-moi tout… tout ce qui s'est passé depuis mon départ », demande Joy, qui voudrait renouer le fil des jours passés. Elles étaient de si grandes amies la dernière fois. Ama n'a qu'un an de plus que Joy, mais elle est née au Ghana et connaît parfaitement tout ce qui concerne Wanwangeri. C'était une bonne guide et conseillère. Elles dormaient dans la même case, avec leurs deux nattes placées côte à côte, et elles parlaient longuement à la nuit tombée, à l'époque insouciante d'avant la cérémonie d'Ama.

« Qu'est-ce qu'il y a à raconter?

— Manté m'a dit que tu étais mariée. »

Joy repense à la lettre. Cette nuit-là, elle est restée dans son lit avec la lettre sous l'oreiller, à écouter les respirations calmes dans le dortoir autour d'elle et le bruit de la mer grise de Folkestone déferlant doucement sur la plage. Elle imaginait Ama et Preko, unis et heureux. Grand-Maman devait être contente, a-t-elle songé alors. Comme c'est facile pour Ama de faire plaisir à Grand-Maman, et difficile pour Joy. Grand-Maman qui veut qu'elle soit son œil et son oreille, encore maintenant, qui veut aussi qu'elle soit douée pour le commerce et pour les tissus pagne, tandis que Mamie veut de bons bulletins. Impossible de leur donner satisfaction à toutes les deux. Une bonne éducation, c'est important pour une jeune fille, a dit Mamie, surtout une jeune fille comme Joy.

« Oui, oui… »

Ama sourit tristement. Elle n'a pas envie de parler de son mariage ni de tout ce qui a suivi.

« Tu te rappelles ma cérémonie ? Dix enfants qui se disputaient un bout d'œuf. »

Elles rient. Cela voulait dire qu'Ama aurait dix enfants. Cette perspective la réjouissait, mais ne lui remonte guère le moral à présent.

« Tu m'as offert le sac à main rouge.

— Oui.

— Grand-Maman, elle parle souvent de toi, reprend Ama avec un regard en coin. Elle me montre les cartes postales. La Joy de Manté est sa préférée, voilà ce qu'ils disent tous, le fruit du palmier ne se perd pas dans le feu. (Elle balaie d'un geste furieux les cailloux que Kofi a posés sur son pagne.) Grand-Maman n'arrête pas de dire que tu reviendras un jour.

— Je reste juste un mois. »

Ce soir-là, il y a de la soupe de palmiste, de la noix de palme pilée, onctueuse et couleur de mandarine, du poisson tout frais pêché par le mari d'Ata, Obodai, et du riz.

« Je porte son repas à mon père ce soir », déclare Ama, qui aide Tawia à porter les bols fumants dans l'enclos des hommes. Kofi lâche le pagne de sa mère, se réfugie d'un pas chancelant dans les bras de Grand-Maman, qui le prend sur ses genoux, examine sa jambe brûlée avec des petits gloussements navrés, le serre contre elle comme elle ne l'a jamais fait avec aucun autre enfant de l'enclos. Est-ce à cause de la blessure, se demande Joy, ou parce que c'est son premier arrière-petit-enfant ? C'est vrai qu'il est touchant, ce petit garçon aux grands yeux tristes. Avoir un bébé, c'est ce qu'il y a de plus merveilleux dans la vie, disait Margaret, mais à quinze ans ? A son retour, Ama reprend Kofi, mange une cuiller de soupe, essaie de lui en faire manger une et, voyant qu'il détourne la tête, lui offre son sein à la place. Ses yeux malheureux parcourent le cercle de visages autour d'elle, dans l'attente de critiques. Il y a eu trop de déconvenues dans la courte vie d'Ama.

« Le pagne de Joy est prêt, annonce Ata à la fin du repas.

— Super ! » s'exclame Joy.

Elle se retire dans sa case pour enfiler le pagne et la camisole. Des tournesols jaunes sur fond rouge foncé, le pouvoir de la vie.

« Oui, oui... ma jolie jolie petite-fille évoluée avec son joli joli pagne, commente Grand-Maman.

— Joli joli pagne, reprend le chœur des enfants, salué par des applaudissements.

— Maintenant, quand le tam-tam chantera, ma petite-fille pourra danser. Maintenant, elle pourra aller au marché d'Akwapawa. »

Joy, sidérée, ouvre la bouche et la referme. La dernière fois, elle n'a obtenu la permission d'aller au marché qu'au bout de plusieurs semaines de tractations. Il vaut mieux garder certaines paroles pour soi, car Grand-Maman est capable de changer d'avis très vite.

« Merci, Grand-Maman, merci, Ata, de l'avoir cousu », dit poliment Joy.

En voyant le coup d'œil échangé par Ata et Eti, elle remarque soudain le regard envieux d'Ama et son pagne défraîchi.

« Le poussin qui est le plus près de la poule mange la cuisse de la sauterelle. »

La voix aimable d'Ata a pris des accents amers. Joy dit précipitamment :

« Peut-être qu'Ama pourrait avoir un nouveau pagne, elle aussi? Ça paraît normal.

— Qui parle de normal? (les yeux de Grand-Maman jettent des éclairs.) Est-ce que je dois donner du tissu pagne en plus des cédis à la famille de Preko? Quand Preko sera content de sa femme, il lui offrira un pagne neuf.

— Ce n'est pas ma faute », proteste Ama.

Elle repousse brutalement Kofi qui était en train de téter et tire sur la camisole qu'elle avait soulevée au-dessus de la poitrine. Son visage exprime la rancœur.

« Aucune mère ne peut surveiller son enfant constamment, remarque Esi.

— Tu dis vrai, opine Grand-Maman d'un ton solennel et plus conciliant. Ama est une bonne épouse qui a donné un bébé à Preko… pas une femme qui vole dans les airs ou une femme qui perce des trous dans les crânes. Bientôt, il y aura d'autres enfants et la famille de Preko pardonnera. »

Ce soir-là, Ama se couche sur la natte placée dans la case de Joy, où Kofi dort déjà.

« C'est comme au bon vieux temps, chuchote-t-elle. Tu te rappelles comme on parlait et on parlait ? Oui, oui, tout a changé. J'aimerais tant que tu restes !

— Je ne peux pas, répond Joy en contemplant la portière dont les lanières s'agitent un peu dans le vent nocturne, noires sur le rond blanc de la lune presque pleine.

— Tu aimes Kwamé ? Tu l'aimais bien, non ? demande Ama avec un petit rire. Lui et son arbre feuillu… Toutes les filles de Wanwangeri montent dans l'arbre de Kwamé.

— Toi aussi ?

— Moi aussi, répond Ama. Longtemps avant Preko, bien entendu, ajoute-t-elle vertueusement. Il paraît que Sika va venir voir Grand-Maman, bientôt. »

Joy ne dit rien. Ama se retourne, s'enveloppe avec Kofi dans le tissu fané, et s'endort.

Le matin, Ama mange un bol de riz froid, enroule Kofi dans son pagne et s'en va dans son village. Joy l'accompagne à la sortie de Wanwangeri et reste sur le sentier, à lui faire des signes jusqu'à ce qu'elle ait disparu derrière le tournant.

L'air est frais et immobile. Joy respire profondément en écoutant les bruits de Wanwangeri, le babil des singes dans les arbres, les trilles et piaillements des oiseaux, les cris des pêcheurs qui mettent les pirogues à l'eau. Elle a été contente de voir Ama, mais ne regrette pas qu'elle soit partie.

Dix minutes après, elle enroule la natte et balaie le sol avec une touffe de brindilles. Sur le mur, Bob Geldof fixe son regard impassible dans le vide. Joy prend son journal intime. 19 août. « *Ama est partie. Kofi a une affreuse cicatrice. Pauvre Kofi.* » Preko est encore en colère, a dit Ama. Pour combien de temps ? Pauvre Ama. « *Vu Kwamé.* » Les yeux noirs brillants et l'épaisse frange de cils. Des feuilles vertes, de grandes ombres vertes. Son cœur bat en silence. « *Kwamé dit que nous devons parler.* »

10

Le lendemain matin, Joy part de bonne heure au marché d'Akwapawa, avec Ata. Elles portent les tissus pagne sur la tête, partagés en deux ballots comme pour le trajet depuis Accra, mais à présent, Joy a aussi du tissu pagne sur elle. Des feuilles humides de rosée lui frottent les mains des deux côtés du sentier. Un peu plus loin, là où la forêt devient plus dense, des guirlandes de brume blanche pendent entre les

1. Commerçant musulman.

arbres. Le sentier est sinueux, et bientôt on ne voit plus Wanwangeri. Grand-Maman semblait étrangement désireuse de la laisser aller au marché, songe Joy. Est-ce parce qu'elle sait que Joy aime ça et a le sens du commerce, ou est-ce pour une raison plus subtile, pour l'inciter à rester, à renoncer à dire que ce n'est que pour un mois ? Il y a souvent une lueur rusée dans les yeux d'aigle de Grand-Maman.

C'est tout de même formidable d'aller à Akwapawa. A Wanwangeri, le temps s'écoule lentement, et les journées sont toutes pareilles. En ce moment, Grand-Maman doit somnoler au soleil sur son tabouret, comme d'habitude, et se réveiller de temps à autre pour gronder un enfant capricieux. Esi et Tawia doivent laver les marmites et blanchir le foyer, comme toutes les femmes du village. Kwamé doit mettre les poteries à sécher sur l'étagère où elles attendent de passer au four. Quand vont-ils parler? Que dira Kwamé? Que dira-t-elle?

A Akwapawa, il se passe plein de choses, les mammy lorries qui s'arrêtent et qui partent, les marchands, l'affairement constant. Elle va trouver le marché un peu changé, a averti Tante Ata. L'haoussa[1] qui apportait les tissus pagne de Kumasi depuis toujours, un gentil vieux, très malin, qui marchandait sans se presser selon la coutume, eh bien, il est mort et son neveu Abdul a repris l'affaire. Abdul se moque de la coutume. Tout ce qui compte, c'est le bénéfice, gagné le plus rapidement possible. Le temps, c'est de l'argent. Il a tellement augmenté le prix de ses tissus pagne que les mamas du marché ne veulent plus et ne peuvent plus rien lui acheter. Quelques-unes, comme Ata, ont assez d'argent et d'entregent pour aller acheter leur marchandise à Accra, mais les autres subissent les conséquences. Joy avance sur le sentier poussiéreux en plissant le front. Elle essaie de se rappeler tout ce que Manté lui a dit à propos de l'autonomie, du grand nettoyage et des ananas cueillis verts pour l'exportation. Est-ce qu'il a dit quelque chose au sujet des marchés ?

Le soleil est déjà haut quand elles arrivent à Akwapawa. La rue principale et la gare routière, qui sont goudronnées, jettent un éclat blanc comme neige. Ata cligne les yeux et se dirige vers l'ombre du marché couvert. Joy hésite un instant, soudain intimidée, moins curieuse de découvrir les changements du marché que de savoir si les mamas vont la reconnaître.

En attendant, elle cherche du regard le camion-bus de Grand-Maman, *Feuille sèche tombe.* Le chauffeur et le cokseur sont allés au café. Elle s'arrête devant le capot vert, passe son doigt sur les lettres de la devise. La dernière fois, elle était timide et la présence du petit Bolo, couché sous l'étal, l'a beaucoup aidée le premier jour. « La feuille verte et la feuille sèche tombent toutes les deux », a marmonné Grand-Maman lorsque Bolo est mort. Joy a copié le dicton au dos d'un cahier à la Lodge School. Bolo, la feuille verte, est tombé, et c'est difficile d'admettre que Grand-Maman, si volontaire et indomptable apparemment, mourra un jour, que la feuille sèche tombera.

Joy soupire, prend une profonde inspiration et suit Ata dans le marché. De grands piliers métalliques soutiennent le toit en tôle ondulée. Leur peinture vert foncé s'écaille. Il y a des centaines de paniers. Le sol est jonché de tomates écrasées, feuilles de chou pourries et autres déchets. Partout, des marchands, des

---

1. La première sortie officielle du bébé, huit jours après sa naissance, donne lieu à une cérémonie au cours de laquelle il reçoit son nom.

femmes et des enfants pour la plupart, installent leurs « tables » et déballent la marchandise. Des cris, des discussions, des éclats de rire résonnent et se répercutent sur le toit tels des roulements de tam-tam. Les dents blanches jettent des éclairs dans la lumière ombrée. Le marché appartient aux femmes. Les mamas qui viennent tous les jours avec leurs bébés sur le dos et leur marchandise sur la tête font salon derrière leur étal, où on mange souvent, tandis que les enfants jouent et que s'échangent les potins.

« Oui, oui, c'est Joy, oh ! là ! là ! » s'écrie Abla, de l'étal voisin.

Elle embrasse Joy et rit abondamment.

« Oui, oui, notre Joy évoluée est revenue. »

Joy rit aussi, de soulagement et de bonheur. Elle hume le talc à la violette d'Abla. Sa main touche quelque chose de mou et humide, le nouveau bébé sur le dos d'Abla, qui a encore le teint un peu pâle parce qu'il est sorti[1] depuis peu.

« Un autre garçon, Adee », précise fièrement Abla.

Lorsque Joy aide Ata à déballer les nouveaux tissus pagne pour les disposer en cercle, à la manière d'une marguerite, l'inquiétude revient. Abla lui a fait un accueil amical, mais elle sent les présences autour d'elle, les regards qui se tournent dans sa direction, les voix qui murmurent « Oui, oui, c'est Joy, la petite-fille évoluée de la vieille Joy ». Les sourires sont indécis et les salutations discrètes. Il y a quelque chose qui ne va pas, mais quoi ? On dirait bien qu'elle les a choqués.

Quand Ata va parler au chauffeur du *Feuille sèche tombe*, Joy se retrouve seule à l'étal. C'est encore un peu tôt pour les clients. Plusieurs mamas du marché ont les yeux tournés vers elle, et leur regard tranquille n'est pas vraiment amical. Joy a la gorge serrée. Ont-elles oublié leur pitre favori, qui les faisait tellement rire avec ses drôles d'annonces ? Où est-il, le cœur gros comme ça des Ghanéens ? La dernière fois, elle s'était tellement amusée qu'il lui tardait de redevenir la jeune fille sociable et pétulante qu'elle était au marché, son moi ghanéen. Elle n'avait que onze ans à l'époque, elle ne doutait de rien. Prête à tout, elle évoluait à la limite de l'humour acceptable et de l'insolence inadmissible. Maintenant, elle a quatorze ans.

Une claque énergique sur son bras la fait sursauter.

« Qu'est-ce que tu fais, fille blanche ? lui demande une grande femme aux yeux hagards. Pourquoi tu viens au marché ? C'est pas pour les filles blanches, le marché.

— Mais… je… je suis Joy Kwatey-Jones… je ne suis pas blanche…, souffle Joy en se levant d'un bond.

— Laisse-la, Manko, crie Abla, de l'étal voisin.

— Va-t'en, va-t'en, va-t'en, hurle la femme, qui marque la cadence en frappant dans ses mains.

— Arrête, Manko, dit Tante Ata, qui arrive en courant et resserre son pagne pour se préparer à intervenir. Pourquoi tu tapes ma fille ? Pourquoi, hein ?

— Pourquoi tu amènes la fille blanche au marché ? Le marché, c'est pas pour elle…

— Ça va, Joy ? T'en fais pas, elle est skaye-skaye, celle-là, explique Ata en se tapant le crâne dans un geste éloquent.

— Qu'est-ce qu'elle a à me traiter de fille blanche ? Qu'est-ce qu'elle veut ? »

Joy se laisse tomber sur la caisse en bois

derrière l'étal, décontenancée par cette agression. Ses genoux flageolent et des larmes lui piquent le fond des yeux. Moitié noire, moitié blanche, ça veut dire noire en Angleterre et blanche au Ghana, on dirait. Le marché n'était pas du tout comme ça, avant.

« N'y fais pas attention, conseille Ata. Manko est à plaindre, elle manque de marchandise et ses affaires vont mal.

— Ne t'occupe pas d'elle », disent gentiment deux ou trois autres femmes, qui expriment leur solidarité par des gestes de la main et des hochements de tête. C'est déjà ça, se dit Joy, un peu réconfortée.

En regardant plus attentivement, elle s'aperçoit que, s'il y a beaucoup de fruits et légumes, les étals de tissus pagne sont bien maigres et misérables. Les mamas elles aussi ont une apparence misérable. Avant, elles portaient sur elles leurs dernières nouveautés, mais maintenant, elles ont les épaules tombantes, l'air déprimé. Beaucoup ont maigri. Les temps sont durs au marché d'Akwapawa.

« Prends pagne là, madame, commence Ata à l'intention des chalands. Dernière mode, bon prix mon pagne, madame. Tu veux voir?

— Prends pagne là, madame, répète Joy en imitant les inflexions d'Ata, malgré sa voix un peu éraillée. Très beau tissu pagne d'Accra. »

Des yeux se tournent soudain vers elle et des visages souriants se figent. Qu'y a-t-il? Qu'a-t-elle fait de mal? Partout, il existe des interdictions différentes. Avant, elle savait. La dernière fois, elle était douée pour le commerce, mais après deux années de Lodge School, elle est douée pour le français, le basket, les devoirs sur table, et plus du tout pour les choses de la vie. Des clientes commencent à s'arrêter devant l'étal pour palper les différentes étoffes exposées. A présent, le regard des mamas du marché est nettement hostile.

« Des pagnes tout nouveaux, direct d'Accra, balbutie Joy. Tu seras Miss Akwapawa, la reine de beauté, dans ce joli joli pagne. »

Personne ne sourit.

« Tais-toi sur Accra, chuchote Ata. Je peux me payer le voyage, mais presque toutes les autres mamas ne peuvent pas et elle n'aiment pas qu'on le leur rappelle.

— Pardon… pardon », dit Joy, confuse de sa maladresse. Elle aurait dû comprendre.

« C'est dommage, ajoute-t-elle au bout d'un

moment. Est-ce que Grand-Maman ne pourrait pas envoyer *Feuille sèche tombe* à Kumasi, chercher des tissus pagne pour tout le monde ?

— Demande-lui, répond Ata en roulant les yeux. J'ai essayé cent fois. Toi, elle t'écoute. Le poussin qui est le plus près de la poule mange la cuisse de la sauterelle. »

Ata prononce ces paroles sans la moindre amertume. Joy a peut-être des privilèges par rapport aux autres petits-enfants, mais elle a aussi des difficultés supplémentaires.

« Tu peux garder Adee quelques minutes ? demande Abla. Le neveu de l'haoussa est au café, on va lui parler.

— Bonne chance », répond Joy en installant le bébé dans le dos de sa camisole. Elle a souvent porté des bébés pour les femmes du marché, mais jamais aussi petits qu'Adee. Jamais non plus elle n'a ressenti une telle tendresse, une douceur qui l'envahit dans son ventre et sa bouche quand elle tord le cou pour voir la petite tête blottie contre son épaule. Yeo avait six mois, et il était beaucoup plus grand, quand elle l'a vu. Dans combien de temps aura-t-elle des nouvelles de Yeo ?

« Prends pagne là, madame, très joli pagne, c'est bon prix, psalmodie Ata.

— Chuut ! murmure Joy, sentant Adee remuer contre son dos. Il n'est pas encore habitué aux bruits du marché. »

Les marchandes reviennent du café, tristes et silencieuses.

« Qu'a dit Abdul ? demande Ata.

— Rien de bien, répond Abla. On lui dit "comment pourrait-on acheter à ces prix-là ?" et il sourit, il sourit sans écouter. "Vous n'avez qu'à monter vos prix aussi, les gens d'Akwapawa paieront plus cher", voilà ce qu'il dit.

— Enfin, remarque Joy en se séparant à regret du bébé endormi, si les mamas ne peuvent pas lui acheter ses tissus pagne, il ruine son commerce, non ?

— Oui, oui, on lui a dit ça, mais il vend dans d'autres villages. Il croit qu'il peut nous obliger à payer ces prix.

— Le jeune aigle a besoin d'essayer la force de ses ailes », déclare Ata.

Joy se dirige lentement vers la gare routière. *Feuille sèche tombe* est parti. Elle traverse la

1. Commerçant d'origine moyen-orientale.

rue principale, s'attarde devant le café. Il n'y a pas une seule femme à l'intérieur. Plusieurs haoussas et un Syrien[1] boivent du café et parlent à voix basse. Lequel est Abdul, le neveu de l'haoussa? se demande Joy. Des mots durs ressassés dans sa tête se frayent un chemin vers sa gorge. Un haoussa tourne la tête de son côté, la regarde d'un air rusé et chuchote quelque chose à son voisin. Un rire étouffé parcourt la salle du café, accompagné de claquements de lèvres. Ses mots durs se recroquevillent, s'effritent comme du papier brûlé. Elle s'en va.

« Qu'est-ce qu'elle a vendu aujourd'hui, ma petite-fille? » demande Grand-Maman ce soir-là.

Esi pile le foufou et Tawia touille la « sauce » pour le repas du soir. La nuit commence à peine à tomber. L'air s'emplit de fumée bleue et d'odeurs d'épices. Les enfants assis regardent d'un air gourmand et attendent.

« Joy a été très bien, répond Ata en soulevant son petit Kwashi. Elle faisait la réclame d'une voix de petit oiseau tout juste sorti de l'œuf, mais elle a bien vendu le pagne bleu à plumes de paon.

— Oui, oui, elle est vraiment la fille de cette famille, affirme Grand-Maman en s'appuyant le menton sur sa canne. Une fille évoluée, mais douée pour les affaires pareil que moi. Qu'est-ce qu'elle a crié ? »

Les yeux de Grand-Maman se posent sur Joy, en quête de divertissement. Trop vieille pour aller au marché, elle aime revivre le bon temps où elle tenait son étal grâce à un récit détaillé de tout ce qui s'est passé dans la journée à Akwapawa.

« Pas grand-chose, Grand-Maman », dit sobrement Joy.

Elle pense aux mamas du marché. Elle doit faire quelque chose, si c'est possible. Et elle pense aussi à Yeo.

« Les tam-tams parleurs de Krempepong, reprend-elle, est-ce qu'ils ont parlé aujourd'hui ?

— S'ils ont parlé, je ne les ai pas entendus. Tu as vu Abla ? Parle-moi du marché, demande Grand-Maman, bien décidée à avoir gain de cause.

— Rien, marmonne Joy.

— Rien ? (Grand-Maman écarquille les yeux.) Comment ça, rien ?

— Manko a frappé Joy, s'empresse de glisser Ata.

— Elle est skaye-skaye, celle-là, commente Grand-Maman. Pardon, pardon !

— Skaye-skaye, répète le chœur des enfants. Pardon, pardon !

— Ne fais pas attention à Manko. C'est une petite femme, et on dit que ses affaires vont mal. Dis-moi ce que tu as annoncé au marché, Joy, insiste Grand-Maman, je veux entendre ton annonce.

— Joy a bien annoncé, assure diplomatiquement Ata. Prends mon pagne et tu seras la reine de beauté d'Akwapawa, et quoi d'autre, Joy ?

— Prends mon pagne et tu seras gaie comme un ananas, marmonne Joy, encore accablée par la détresse des marchandes. Prends mon pagne et tu seras belle comme un calao lustré. »

Grand-Maman émet un petit rire approbateur.

« Belle comme un calao lustré… Ça me plaît.

— Le marché n'est plus aussi bien qu'avant, lâche Joy. Le neveu de l'haoussa a monté ses prix et personne ne peut acheter.

— Ksss… C'est une mauvaise période. Qu'elles aillent donc chercher du tissu pagne à Accra, qu'elles y envoient leurs filles comme je suis forcée de le faire.

— Elles n'ont pas les moyens, répond Ata. Les femmes et les enfants doivent manger. La nourriture est chère et les prix montent tout le temps. A un moment, ils ont doublé du jour au lendemain.

— Est-ce que ces choses intéressent une vieille femme comme moi? s'insurge Grand-Maman. Qu'est-ce que j'y peux, moi, si les prix montent?

— Tu pourrais laisser le *Feuille sèche tombe* aller à Kumasi pour chercher du pagne », suggère Joy.

Qu'importe si les gens se mettent en colère? disait Margaret.

Silence. Grand-Maman regarde Joy d'un air surpris, puis se balance d'avant en arrière sur son tabouret, au rythme de sa lamentation.

« Est-ce qu'il faut m'abandonner comme une vieille éponge? Oui, oui, ma petite-fille veut la perte de mon affaire de lorry. Mes clients attendent et attendent le *Feuille sèche tombe*, et comme il n'arrive pas, ils prennent le *Suro basia* ou le *Qui emprunte ne choisit point.* Qu'est-ce que je vais faire ? Oui, oui, ma petite-fille, elle est douée pour les livres, pas pour les affaires. »

Joy inspire longuement, et sa main se pose machinalement sur l'alliance pendue à son cou. Les paroles ne sont jamais que des paroles, pas des bâtons ni des pierres, disait Margaret.

« Je pourrais être douée pour les affaires de lorry et de tissus pagne si tu me laissais faire. Le *Feuille sèche tombe* ne roule pas le dimanche, de toute façon. Alors, pourquoi est-ce qu'il n'irait pas à Kumasi le dimanche ? »

Un autre silence. Personne dans l'enclos ne parle sur ce ton à Grand-Maman. Personne ne l'a jamais fait. Elle cesse de se balancer et dévisage Joy en plissant les yeux.

« L'enfant casse la carapace de l'escargot, mais pas celle de la tortue, déclare-t-elle d'une voix enrouée.

— Je ne suis plus une enfant, Grand-Maman.

— L'ignorance n'est permise qu'aux enfants. Le *Feuille sèche tombe* a besoin d'être nettoyé. Un lorry sale, ce n'est pas bon pour les affaires. Tous les dimanches, il faut nettoyer le *Feuille sèche tombe.*

— Kumasi n'est pas loin, réplique Joy en s'efforçant de parler calmement. Le *Feuille sèche tombe* peut y aller le matin et avoir son nettoyage l'après-midi.

— Oui, oui... ma petite-fille "juste un mois" veut s'occuper de mon affaire de lorry. Ah, quel triste jour... quel triste jour, celui où la lettre est arrivée ! Mon fils qui épouse une Blanche et un enfant déjà attendu, un enfant blanc. Oui, oui, mon fils unique... vilain jour. Qu'est-ce qu'on savait sur la santé de la femme ? Est-ce qu'elle savait préparer ? Et la respectabilité de sa famille ? Qu'est-ce qu'un jeune homme naïf connaît à ces choses ?

— Euh... Je crois que Mamie et Papi Barton sont respectables, commence prudemment Joy. Très respectables, même, et en bonne santé. Margaret faisait bien la cuisine... sauf qu'elle n'aimait pas beaucoup ça. C'était presque toujours moi qui faisais la cuisine...

— Une petite-fille anglaise, murmure sombrement Grand-Maman. Le crabe n'engendre pas un oiseau... »

Sa voix se transforme en un cri aigu. Sa canne tape le sol, dispersant les enfants et des plumes marron.

« Hors de ma vue ! »

Ata passe un bras autour des épaules de sa mère.

« Calme-toi, calme-toi. Tu parles avec trop de colère. Ce n'est pas bon pour toi. N'es-tu pas riche en petits-enfants ?

— Onyame soit loué !

— Portez ça à la case des hommes, dit Esi en fourrant des bols de nourriture chaude dans les mains de Joy et de Tawia. Vite ! »

Dans la zone d'obscurité qui sépare les deux enclos, Tawia chuchote sur un ton à la fois réprobateur et admiratif :

« Tu mets Grand-Maman en colère à force de palabrer.

— Tant pis. Le *Feuille sèche tombe* pourrait aller à Kumasi. Grand-Maman n'a pas toujours raison.

— Mais ça ne sert à rien de le dire. »

Plusieurs hommes sont assis sur des tabourets devant leur case. Ils se sont lavés en rentrant de leur travail, et à présent ils attendent leur repas.

« Papa, je t'apporte à manger, dit Tawia.

— Ah ! Tawia, merci, ma fille.

— Salutations, Joy, dit Obodai, le mari d'Ata

en posant un regard appréciateur sur son nouveau pagne rouge. Oui, oui, tu as adopté les habits ghanéens et tu nous es revenue en femme faite. Tu cherches peut-être un mari ? »

Les hommes rient d'un air entendu.

« Non merci », bredouille Joy.

Elle a les joues cuisantes. Elle se sent terriblement gênée par les regards tournés vers elle, et pense intensément à Kwamé, qui vient d'entrer dans l'enclos avec le tabouret de son père. Il l'observe sous sa frange de cils.

« Pas encore, ajoute-t-elle.

— Pas encore ? plaisante Obodai. Mais nous avons de beaux jeunes hommes potelés ici. Qu'est-ce que tu veux ? Le joli joli fils du chef. Ou tu attends peut-être le fils d'un chef suprême ? »

Une cascade de petits rires malicieux se fait entendre alentour.

« Non... oui... Je veux dire... Je reste juste un mois. »

Joy flanque le bol chaud dans les mains d'Obodai, tourne les talons et s'en va la tête haute. Son cœur bat dans tous les sens. Ils ne peuvent donc pas la laisser tranquille ?

Tawia la rejoint à la sortie de l'enclos. Elle

hausse les épaules d'un air désinvolte.

« N'y fais pas attention. Ils me disent tout le temps des choses comme ça, mais ça m'est égal. Soupe à la poule, ils m'appellent. Une fille trop jeune est une soupe à la poule.

— Pourquoi est-ce qu'ils ne viennent pas chercher leurs repas ? ronchonne Joy. Nous aussi, on a travaillé toute la journée. Ils sont infirmes ou quoi ?

— Ne parle pas de ces choses, ça porte malheur, chuchote Tawia, un peu offusquée. En plus, comment veux-tu que des hommes mangent dans un enclos où il y a des conversations, des enfants, de la vaisselle à laver, alors qu'ils doivent parler de choses sérieuses ? Oh, j'aime tant Kwamé, ajoute-t-elle tristement. Il m'aime bien aussi, mais ça fait trop longtemps à attendre. »

Dans l'enclos de Grand-Maman, le repas du soir a déjà commencé. C'est mal élevé de parler en mangeant et, étant donné l'humeur maussade de Grand-Maman, les enfants évitent de se faire remarquer. Dès qu'elle a fini de laver les bols et les marmites, Joy se retire dans sa case. Elle s'assoit juste derrière la portière en plastique pour contempler le ciel noir à travers les lanières et humer la nuit veloutée. Avoir une maison à soi, c'est la plus belle chose au monde, disait Margaret. Ce soir, sa case ne lui procure aucune consolation. Rien ne va plus quand Grand-Maman se met en colère. Les bruits cessent dans l'enclos. Tout autour, le village semble étrangement silencieux, comme si Wanwangeri était endeuillé par la colère de Grand-Maman.

Alors, Joy les entend... de faibles battements dans le lointain, les tam-tams parleurs, les rythmes compliqués qu'elle ne comprend pas. Et puis, les battements deviennent plus forts, parce que le village voisin de Wanwangeri a reçu le message et le transmet. Joy se raidit dans l'obscurité. Sa peau est aussi tendue que celle du tam-tam, et les battements continuent. À présent, Tété tape sur son tam-tam, le fait résonner jusque dans la tête de Joy, dans son corps tout entier. Elle se précipite au-dehors.

« Oui, oui, Onyame soit loué ! »

Grand-Maman est debout devant sa case, les bras et la canne levés vers le ciel étoilé. Ata et Esi sont à côté d'elle. Les enfants sortent de leurs cases l'un après l'autre, le visage rayonnant d'espoir.

« L'enfant est né à Krempepong. Efua nous a donné un joli garçon aujourd'hui… le tam-tam parleur nous l'a appris, déclare Grand-Maman d'une voix aiguë qui ressemble à un gémissement. Mon fils Manté a un deuxième fils, Onyame soit loué.

— Onyame soit loué ! » répète Joy avec tous les autres.

Elle se laisse tomber sur le tabouret le plus proche de Grand-Maman, prend la main de la vieille femme et chuchote :

« Y a-t-il des nouvelles de Yeo ? »

A présent, il y a un vrai tumulte autour d'elles. Le tam-tam parleur s'est tu, les tam-tams de la danse ont pris la relève et déjà Ata, Esi et les enfants quittent l'enclos pour aller au centre du village. Grand-Maman y va aussi, en s'appuyant lourdement sur l'épaule d'Ata. Sa canne et ses pieds semblent battre la mesure. Tout Wanwangeri se rassemble au centre du village pour passer la nuit à danser.

11

25 août. « *Le* Feuille sèche *va à Kumasi dimanche prochain pour chercher du tissu.* » Joy sourit intérieurement, assise derrière l'étal dans la chaleur étouffante du début d'après-midi, tandis que le marché d'Akwapawa fait la sieste autour d'elle. L'ambiance est meilleure maintenant. Ata, étendue sous la table, émet de petits ronflements sifflants. Abla et ses trois enfants partagent une natte. Joy n'arrive pas à s'habituer à ce sommeil collectif. Elle écrit dans son journal : « *Grand-Maman ne veut pas*

que j'y aille. » Elle aurait bien aimé voir Kumasi. Ses ancêtres viennent de Kumasi, elle a vu en rêve la ville incendiée, elle a vu aussi le grand lac bleu de Krempepong non loin de là. Elle mordille pensivement son crayon. Pourquoi Grand-Maman a-t-elle changé d'avis, elle qui est réputée pour son obstination ? S'est-elle laissé convaincre par les arguments de Joy, ou est-ce simplement son bonheur d'apprendre la naissance du bébé d'Efua ? En tout cas, le message des tam-tams parleurs a mis fin à ses éternelles récriminations. Depuis deux jours, assise dans l'entrée ombragée de sa case, elle reçoit tous ceux qui viennent présenter leurs compliments avec des sourires affables.

« Onyame est bon, ne cesse-t-elle de répéter. Oui, oui, je suis une femme pauvre, mais riche en petits-enfants.

— Tu as de la chance dans ta famille. L'arbre au milieu de la forêt n'est pas emporté par la tornade », répondent poliment les visiteurs.

Certains lui doivent de l'argent et personne n'a envie de tout gâcher en lui rappelant qu'elle est la femme la plus riche de Wanwangeri avec son commerce de tissus pagne, son camion-bus et ses terres. Elle sera encore plus riche après la récolte du cacao, lorsque Josué, incapable de rembourser ses dettes, lui cédera son champ mis en gage, mais qui pense à ces choses dans un moment aussi heureux?

« Oui, tu es riche en petits-enfants. Combien ça en fait, maintenant?

— Qui peut le dire? » murmure Grand-Maman, qui se refuse à donner un chiffre précis de peur de s'attirer la jalousie malveillante de femmes moins bien loties, et peut-être le courroux des dieux.

Joy, qui n'a pas ce genre de crainte, a compté sur ses doigts. Manté a trois enfants à présent, Esi six et Ata sept, ce qui fait seize petits-enfants pour Grand-Maman, sans compter les cinq qui sont retournés dans leur famille du ciel. Mamie de Penfold n'en a qu'un.

Le nouveau-né a provoqué d'autres changements dans les habitudes de Grand-Maman. Elle ne se plaint plus du manque de respect de Manté envers la coutume, mais raconte toute son enfance avec des accents nostalgiques, pendant que Joy est assise sur un tabouret à côté d'elle. Son seul fils, ce don des dieux qui lui est venu si tard, le petit garçon si vif, dont le rire fait des trilles comme le concert matinal des oiseaux qui durerait toute la journée. Le long voyage pour l'emmener à l'école des missionnaires où elle l'a laissé quand il avait cinq ans, en sachant que cette éducation transformerait son oisillon en un aigle puissant. Les flots de larmes qui ont coulé sur le visage du petit garçon telles les Volta noire et blanche après la pluie. Elle n'a pas osé retourner la tête, et elle ne l'a pas revu pendant plus d'un an. A ce moment-là, Manté avait changé. Plus grand et plus mince, il riait moins souvent et c'était un rire différent, méfiant et contraint. En écoutant, Joy a vu le visage du petit garçon de cinq ans en larmes aussi clairement qu'elle voyait la photographie de Manté dans sa main.

Cela fait plusieurs jours qu'elle n'a pas tenu son journal. Il reste des pages à remplir. 22 août. « *Toute la journée à la maison.* » Elle se demande si la case de Wanwangeri est vraiment sa maison. En tout cas, c'est la demeure d'une myriade d'insectes qui froufroutent et craquettent dans la paille du toit. Couchée sur son lit, elle observait une colonne de fourmis qui entrait par la porte et commençait à traverser la case, quand elle a soudain bondi, chassant les insectes avec les pieds pour finir de les éliminer avec la touffe de brindilles qui lui sert de balai. L'alignement discipliné s'est transformé en une pagaille affolée. Comme à la guerre, songe Joy, les Ashanti fuyant devant les troupes britanniques. Le rouge de son pagne est la couleur de la guerre. Le combat et la conquête appartiennent au passé, a dit Manté, maintenant on asservit les pauvres indigènes en refusant les prêts, en laissant les gens mourir de faim peut-être, mais sans effusion de sang.

Grand-Maman a demandé à Joy de rester à Wanwangeri plusieurs jours d'affilée, et elle a été contente d'obéir, d'aller chercher l'eau, de piler le foufou, de faire la cuisine et, surtout, d'écouter. Joy trouvait le marché formidable. Elle était douée pour le commerce, tout le monde le disait, elle avait vendu plein de tissus pagne au prix indiqué et obtenu de bons matabiches en plus. Ce qu'il y avait de plus formidable, c'était la façon dont les mamas du marché l'avaient adoptée. A l'époque, elle courait partout, gardait les étals et les bébés, écrivait des lettres pour celles qui ne savaient pas écrire et lui accordaient une liberté qu'elles n'auraient jamais acceptée pour leurs propres filles. Ce n'est plus pareil maintenant. Les affaires vont mal, les hausses de prix d'Abdul ont fortement contrarié les mamas du marché, et Joy ne récolte que des regards revêches. Ce n'est pas juste, mais seule une enfant de quatorze ans peut espérer une justice sur cette terre, d'après Mamie de Penfold.

24 août. « *Vu Kwamé. Suis allée au champ de Josué. Affreux, affreux.* » C'est un long trajet, mais Grand-Maman a tenu à y aller en début d'après-midi. On n'entendait que les tapements de sa canne et les cris des oiseaux effarouchés quand elles ont quitté le village. Les cacaoyers, plantés en rangs de chaque côté de la piste, atteignaient deux fois la hauteur d'un homme, avec leurs grandes feuilles vertes et leurs fruits gros comme des melons près du sommet.

« Jolies jolies cabosses, murmure Grand-Maman en s'arrêtant pour reprendre son souffle. Elles seront bientôt mûres. Regarde, celle-là est déjà jaune en haut. »

Joy lève la tête, docilement, mais une lueur

avide dans les yeux de Grand-Maman la met mal à l'aise. Derrière, elle aperçoit la case décrépite de Josué.

« La récolte du cacao est la meilleure époque de l'année, remarque Grand-Maman en se remettant en marche. Tout le monde travaille ensemble, le village entier participe, et ces festins… oui, oui… ces danses ! Peut-être que tu participeras à la récolte cette année, Joy ?

— Mais… » commence Joy.

Elle sait ce qu'elle doit dire. La récolte du cacao, c'est dans un mois, et à cette date elle sera rentrée en classe, mais les mots semblent s'envoler de sa tête tels des oiseaux.

Josué est sorti de sa case pour les accueillir, mal rasé et obséquieux, exhalant une odeur de vin de palme et de pauvreté. Il se tourne pour crier quelque chose à deux enfants maigres au ventre distendu qui disparaissent derrière la case.

« Asseyez-vous, asseyez-vous », dit-il en poussant vers elles un tabouret poussiéreux.

Puis, d'une voix plus forte :

« Apporte de l'eau froide pour la vieille Joy notre bienfaitrice !

— Alors, cette récolte? demande Grand-Maman en promenant un regard de propriétaire autour d'elle.

— Oui, oui, la récolte sera bonne, répond Josué, qui frotte sa barbe de plusieurs jours en faisant un bruit de râpe. Mais les prix sont bas, et si tout le monde a une bonne récolte, il baisseront encore.

— C'est risqué, de faire une seule culture, le gouvernement l'a bien dit. Tu devrais faire d'autres cultures en même temps.

— Peut-être... (Josué baisse les yeux, incapable de soutenir le regard critique de Grand-Maman.) Si tu me donnes un peu de temps...

— Du temps, non, je ne peux pas t'en donner. C'est stupide de perdre un éléphant pour un roitelet. Je suis une vieille femme et je n'ai pas beaucoup de temps, réplique Grand-Maman en tournant les talons.

— Joy, parle pour moi... » supplie Josué, tandis que Joy se dépêche de rattraper Grand-Maman.

Elles marchent en silence entre les rangées de cacaoyers. Que dire? se demande Joy en avançant à pas lents, au rythme de la canne de Grand-Maman. Elle n'a pas besoin de regarder pour savoir que Josué les suit des yeux, mais quoi qu'elle dise, elle ne fera qu'aggraver la situation.

« C'est une bonne terre, remarque Grand-Maman, en donnant de petits coups de canne sur une motte. Josué me doit sept cents cédis. Après la récolte, elle sera à moi. Onyame est bon.

— Pourquoi… je veux dire… euh… »

Elles passent devant l'arbre de Kwamé. Est-ce celui-ci ou le suivant? se demande Joy, oubliant un instant les problèmes de Josué.

« L'année dernière, explique Grand-Maman, j'ai prêté cinq cents cédis à Josué quand il a eu une mauvaise récolte. Mais Josué, il ne m'a jamais payée, même pas les intérêts… Maintenant, il me doit sept cent cinquante cédis, et il ne peut pas payer.

— Deux cent cinquante cédis, ça fait un taux d'intérêt élevé, tout de même.

— Cinquante pour cent. Le risque est élevé, aussi », réplique Grand-Maman, dont le regard trahit une certaine gêne.

Sika, le chef du village, a désapprouvé ce prêt et il n'était pas le seul, même si le taux d'intérêt est normal pour un emprunt gagé sur la terre.

« Si tu veux manger du crapaud, commence par en chercher un bien charnu. »

Les lèvres de Grand-Maman se contractent en un sourire à la fois rusé et embarrassé.

« Peut-être que si tu donnais un an de plus à Josué… Je veux dire, où est-ce qu'il va aller? Et sa femme… si tu lui prends sa terre?

— Ksss…, siffle Grand-Maman. C'est un petit petit homme et un gros gros buveur. Sa famille s'occupera de lui. »

Quand elles rentrent au village, le soir commence à tomber. Des hommes et des femmes reviennent du fleuve en portant sur la tête des paniers pleins de poisson.

« Salutations, Obodai, dit Grand-Maman. La pêche a été bonne?

— Salutations, vieille mère, répond Obodai en prenant son panier entre les mains pour le lui montrer. C'est mieux qu'hier. Tiens, Joy, porte ça à Ata. »

Il prélève une part de son butin argenté, qu'il dépose sur les bras de Joy, et en garde un peu pour sa seconde épouse et un peu pour la vente. Dans le village, Joy et Grand-Maman s'arrêtent en entendant le bruit fort du tour de potier.

« Bonsoir, Sika, dit Grand-Maman, et le tour ralentit puis s'immobilise. Bonsoir, Kwamé. »

Sika vient à la porte, suivi par Kwamé. Joy garde les yeux fixés sur les poissons qu'elle porte dans les bras.

« Bonsoir, l'ancienne. Tu as du beau poisson, Joy, tu es allée au fleuve? demande Sika.

— Nous étions au champ de Josué, explique Grand-Maman.

— Oui, oui... (Sika hoche la tête.) Les choses vont mal pour lui, m'a-t-on dit.

— On t'a dit vrai, répond Grand-Maman. Ce n'est pas un bon cultivateur, celui-là. Après la récolte, le champ aura un autre nom, sûrement.

— Le champ de Joy? suggère Sika en regardant tour à tour Joy et sa grand-mère. Le champ de la vieille Joy, bien sûr, mais il y a des tournesols jaunes sur le pagne de la jeune Joy.

— On verra, on verra, murmure Grand-Maman. Le jaune signifie la propriété, ma petite-fille est douée pour les affaires. »

Joy jette un rapide coup d'œil du côté de Kwamé. Il la regarde fixement.

« Deux crocodiles n'ont pas assez de place dans une seule grotte », remarque Sika.

Grand-Maman rit.

« Tu parles sagement, Sika. Donne un poisson à notre chef, Joy, et un pour Kwamé aussi.

— Merci, vieille mère. Tu es généreuse, dit Kwamé en se penchant pour prendre son poisson. Ce soir, l'arbre », chuchote-t-il à l'oreille de Joy.

Ce soir-là, il y a du poisson aux légumes au menu, et beaucoup d'épluchage et de pilage à faire. Kwamé... Que va-t-il dire? Que va-t-elle dire? Les questions se bousculent dans la tête de Joy, tandis que ses mains s'activent. Quand le repas est prêt, il fait nuit, et quand tout le monde a mangé et que la vaisselle est faite, une lune cireuse s'est installée dans le ciel.

Joy profite d'un moment où Grand-Maman parle avec Ata pour sortir subrepticement de l'enclos.

« Où vas-tu? demande Tawia. Je peux venir avec toi? »

Joy fait un saut de côté pour se réfugier dans l'ombre noire de la palissade.

« Joy... », murmure Tawia en passant tout près d'elle.

Joy retient son souffle. Tawia s'arrête, fait claquer sa langue rageusement et retourne dans l'enclos sans craindre de se promener toute seule dans l'obscurité peuplée de fantômes.

Joy contourne le village, en restant à l'écart des cercles de lumière autour des feux et des lampes pétromax accrochées aux arbres, tous ces endroits où les gens se réunissent pour parler après le repas. Les grillons chantent dans l'herbe. Un hibou hulule quand Joy avance sur la piste où elle est passée un peu plus tôt avec Grand-Maman.

« Kwamé? »

Sans le voir, elle sait qu'il est là. L'arôme du talc à la rose embaume l'air comme Albertine et Nuage parfumé dans le jardin de Papi.

« Kwamé? »

La silhouette de Kwamé se détache du tronc d'arbre sombre.

« Salutations, Joy. »

Il a une voix grave, différente, une voix d'homme. Le cœur de Joy bondit dans sa poitrine.

« On va s'asseoir dans l'arbre? propose Kwamé. Tu te rappelles notre arbre?

— Oui… non… on l'appelle l'arbre de Kwamé, c'est ça? Tawia dit que toutes les filles de

Wanwangeri connaissent l'arbre de Kwamé.

— Vraiment? (Kwamé rit de plaisir et de satisfaction.) Et peut-être que le champ de Josué s'appellera bientôt le champ de Joy.

— Pas le mien, s'empresse de préciser Joy. Celui de ma grand-mère.

— Si mon père va voir ta grand-mère, qu'est-ce qu'elle dira? » demande Kwamé.

Joy voit les yeux de Kwamé dans le clair de lune, mais elle ne discerne pas leur expression. Il lui a posé une main sur le bras. Ses doigts sont aussi doux que des pétales.

« Je ne sais pas, chuchote-t-elle d'une voix entrecoupée. Comment savoir?

— Parce que c'est toi qui as la réponse. C'est toi qui la donnes par la bouche de ta grand-mère.

— Ah!... »

Joy ne peut plus faire semblant de ne pas comprendre.

« Je reste juste un mois...

— On pourrait s'embrasser, dit Kwamé en haussant un peu la voix. Il y a des projections de films le soir à la gare routière d'Akwapawa. Je sais comment les gens s'embrassent.

— Ah!... »

Joy veut et ne veut pas. Kwamé se penche vers elle et frotte doucement ses lèvres contre les siennes, tel un papillon voltigeant contre une lampe. Soudain, il la serre dans ses bras musclés.

« Si mon père va dans l'enclos de ta grand-mère, quelle réponse va-t-elle donner ? chuchote-t-il d'un ton pressant.

— Je dois partir. »

Joy se dégage du cercle de bras tel le poussin sortant de sa coquille.

« Je reste juste un mois… »

Joy s'enfuit en courant. L'enclos est silencieux. Les enfants dorment. Près du foyer, Esi et Ata parlent à voix basse. Personne ne voit Joy se faufiler dans sa case. Elle se couche sur son lit, surprise de constater qu'elle a les yeux emplis de larmes.

« *Kwamé et moi, on a parlé* », ajoute-t-elle à la date du 24 août. Son écriture est moins irrégulière, constate-t-elle, plus ferme, plus mûre. « *On ne parlera plus jamais.* »

Le jour où Joy retourne au marché, elle jubile. Grand-Maman a changé d'avis. Quand les mamas du marché vont apprendre que le *Feuille sèche tombe* va à Kumasi, se dit-elle, ce sera à nouveau comme avant, l'ambiance amicale et les rires. Elle dispose les tissus pagne sur l'étal de manière à le rendre aussi attrayant que possible, tout en répétant machinalement : « Prends pagne là, madame, bon prix, madame. » La moitié de son attention est captée par Ata qui parle tout bas à Abla par-dessus son étal. Elle n'entend pas les paroles, mais elle voit le message passer de lèvres en lèvres tel le feu qui se propage dans l'herbe sèche, et les yeux des marchandes de tissus s'illuminent au fur et à mesure.

« Pourquoi faut-il que ça reste secret ? » demande Joy à haute voix quand Ata revient.

Les monopoles sont mauvais, tout le monde le dit. Le professeur a parlé des monopoles à la Lodge School vers la fin de l'année scolaire. Il est toujours bon de les briser.

« Si Abdul l'apprend, il pourrait bien baisser ses prix immédiatement.

— Chut ! murmure Ata en jetant un coup d'œil derrière elle. C'est vrai, ce que tu dis, mais Abdul est quelqu'un d'important. Quand les gens importants se mettent en colère, un malheur peut arriver.

— Par exemple ?

— Chut ! Abdul a une grande famille, des tas de boys-véranda qui font tout ce qu'il dit... Il ne faudrait pas que quelqu'un abîme le *Feuille sèche tombe*, par exemple, crève les pneus.

— Il ne ferait pas ça, tout de même ! chuchote Joy d'un ton indigné.

— Il vaut mieux éviter de parler. C'est stupide de perdre un éléphant pour un roitelet. »

Joy parcourt du regard l'ensemble du marché. C'est difficile de croire qu'il puisse se passer des choses pareilles à Akwapawa, alors que les gens sont si ouverts, la lumière si éblouissante. C'est encore plus difficile quand le toit de tôle transforme la chaleur en fournaise et la moitié des mamas se laissent aller à une somnolence rassurante.

Elle écrit dans son journal : « *Le bébé est né, enfin.* » Elle s'efforce de voir en rêve le petit bout de chou, couleur caramel légèrement teinté de mauve, les poings minuscules qui battent l'air. Rien que d'y penser, elle se sent pleine de tendresse. Est-ce que Margaret a éprouvé la même sensation quand Joy est née ? Et Manté ?

« J'ai deux petits frères maintenant. Deux

demi-frères. Moitié ga et moitié ashanti, mais entièrement africains. » Les garçons vont grandir au Ghana. Même s'ils vont en Angleterre comme l'a fait Manté, ils sauront toujours où est leur pays. Comme elle aimerait les voir ! Elle a envie de voir le nouveau-né, bien sûr, tout le monde a envie de voir les nouveau-nés, y compris en Afrique où ils sont pourtant si nombreux, mais surtout, elle a envie de voir Yeo. Joy passe son doigt sur le bord de la feuille de banane qui enveloppe son repas de plantain grillé aux piments, et lèche le jus piquant. Il doit y avoir un moyen d'aller à Krempepong.

Deux jours après, à leur retour du marché, Joy et Ata voient les enfants se précipiter vers elles, les yeux brillants d'excitation.

« Mauvaises nouvelles.

— Le tam-tam parleur a donné de mauvaises nouvelles.

— La femme de Manté n'a pas choisi le nom qu'il fallait.

— Grand-Maman est très fâchée », concluent-ils en chœur.

Seul Kwashi ne dit rien. Ata le prend dans

ses bras. Dans l'enclos, Grand-Maman fait les cent pas sur la plate-forme en ciment, devant sa case, en marmonnant tout bas.

« La femme qui vole dans les airs, qu'est-ce qu'elle connaît à la coutume ? » demande-t-elle aux enfants venus entendre les derniers rebondissements de l'affaire.

« Rien, rien, répondent-ils complaisamment.

— Qu'est-ce qui se passe, Maman ? interroge Ata.

— Est-ce que je suis une vieille éponge bonne à être jetée ? Dans notre famille, le deuxième garçon s'appelle Anan, il en a toujours été ainsi… il en sera toujours ainsi… de génération en génération… mais la femme ashanti qui vole dans les airs dit qu'il s'appellera Jerry Kofi. Jerry Kofi, a dit le tam-tam parleur.

— Kofi, c'est le nom du vendredi, explique la serviable Tawia à l'oreille de Joy.

— Dis-lui Anan. Anan est le nom de l'enfant, j'ai dit, et Tété a envoyé mon message plusieurs fois. Anan… La femme qui vole dans les airs n'y fait pas attention.

— Est-ce qu'il ne pourrait pas s'appeler Anan Jerry Kofi ? » suggère Joy.

On dirait un match de tennis, songe-t-elle. Les regards des enfants vont et viennent de l'une à l'autre.

« Anan Jerry Kofi, chuchotent-ils entre eux.

— Son nom est Anan, reprend Grand-Maman. Il en a toujours été ainsi. Ce grigri le protégera quand il sera sorti. Je l'envoie à Anan et à personne d'autre.

— Peut-être… (Joy baisse les yeux et parle doucement pour éviter toute provocation.) Peut-être que si j'allais à Krempepong avec le lorry… je pourrais lui dire que l'enfant s'appelle Anan… lui expliquer correctement, lui donner le message et le grigri. Peut-être qu'Efua ne sait pas déchiffrer le tam-tam parleur.

— Juste un mois… tu as dit que tu restais juste un mois. »

Grand-Maman lève sa canne vers le ciel qui a gardé ses couleurs rose et jaune alors que le soleil vient de se coucher.

« Quand tu es arrivée, c'était la pleine lune, mais l'autre pleine lune n'est pas encore là. Oui, oui… une petite-fille qu'Onyame m'a envoyée pour être mon œil et mon oreille… une petite-fille évoluée envoyée pour aider au commerce de tissus pagne…

— Si tu veux bien que j'aille à Krempe-pong, je serai de retour à la pleine lune. Je promets de revenir à Wanwangeri.

— En plus, souligne Ata, Manté sera là pour la cérémonie de la sortie du bébé. Le fruit du palmier ne se perd pas dans le feu. Joy tiendra sa promesse. Manté pourra la ramener.

— Sa promesse... sa promesse, reprennent en écho les enfants.

— Alors, vas-y! Vas-y dimanche avec le lorry, arrange-toi pour que l'enfant s'appelle Anan. »

12

Le *Feuille sèche tombe* brinquebale sur la route de Kumasi. Le cokseur est assis à côté du chauffeur. Joy, Ata et dix mamas du marché, dont Abla et Dédé, se sont installées au fond. Il fait déjà très chaud. Le chauffeur n'a pas accueilli de bon cœur la perte de son congé dominical. Sa dignité de travailleur qualifié est mise en péril par les machinations des mamas du marché. « Crains les femmes », ça c'est bien vrai. Il a déjà fait subir au *Feuille sèche tombe* ses ablutions du dimanche matin, chassant avec le jet d'eau la poussière accumulée pendant la semaine, pour dévoiler un capot aussi vert que la laitue d'eau et aussi jaune que le citron. Le camion-bus est encore tout dégoulinant, mais les sièges mouillés ne vont pas tarder à sécher dans la chaleur ambiante.

« Tu connais le magasin de pagnes? demande Ata. Tu sais y aller?

— Le magasin, il ferme le dimanche, grommelle le chauffeur, qui ne veut pas être mêlé à cette entreprise téméraire.

— Le marchand nous attend, répond Abla. On a téléphoné.

— Tu t'arrêteras d'abord à la gare routière, ajoute Ata. Joy va à Krempepong. »

Les mamas du marché exultent. Elles auront bientôt des tissus pagne à un prix convenable. Elles se tâtent la ceinture pour s'assurer que leur argent est bien là, noué dans le pagne. Abdul baissera ses prix, et s'il ne le fait pas, elles iront encore à Kumasi, jusqu'à ce qu'il cède. On se débarrasse des malheurs passés aussi facilement que si c'étaient de vieux habits, sous le soleil radieux.

Joy lisse son pagne lavé d'hier. Son balluchon est posé par terre, entre ses pieds. Elle va à Krampepong, elle va voir Yeo, le bébé, Efua, et aussi Manté, quand il viendra pour la cérémonie de sortie de son deuxième fils. Elle a la tête pleine à craquer de messages et de vœux pour le bébé. Dans son balluchon, il y a le grigri de Grand-Maman et les cadeaux d'Ata et d'Esi ainsi que Lambkin. « Joy Jones, tu as un long chemin à faire. » Elle serre l'alliance entre ses doigts à travers le tissu. A présent, elle est Joy Kwatey-Jones, mais elle a encore un long chemin à faire. Elle a voulu ce voyage à Krempepong, elle l'a soigneusement négocié, et pourtant une vague appréhension lui tiraille l'estomac et lui dessèche la bouche. Krempepong est en pays ashanti. Personne d'autre ne sait qu'elle a du sang ashanti. « Anan... Anan... », murmure-t-elle entre ses dents. Autour d'elle, les mamas du marché bavardent et plaisantent, crient dans le vacarme du camion, ragaillardies par leur jour de sortie et par la tournure des événements. Pendant un instant, Joy a très envie de rester avec elles.

« Je pourrais peut-être t'accompagner d'abord au magasin? propose-t-elle à Ata.

— Pour quoi faire? On passe d'abord à la gare routière. Tu seras à Krempepong avant la grosse chaleur de l'après-midi.

— Mais…

— Il n'y a pas de mais… Avec des mais, on peut se rendre malade à en mourir, déclare Ata avec un grand rire de gorge. Le tro-tro part toutes les heures. Tu as de l'argent pour le tro-tro? Il vaut mieux faire le trajet tant qu'il y a un peu de fraîcheur. De quoi as-tu peur? ajoute-t-elle en habituée des voyages et des réunions de famille. Tété a envoyé le message. On t'attend à Krempepong.

— Oui. »

Joy se fait des reproches intérieurement. Est-ce qu'elle n'a pas affirmé à Mamie de Penfold qu'elle était parfaitement capable de faire seule le trajet jusqu'à Folkestone? Krempepong n'est qu'à cinq kilomètres de Kumasi, et elle a quatorze ans, après tout. Quatorze ans, c'est l'âge adulte à Wanwangeri. Ata était mariée et mère d'un enfant quand elle avait quatorze ans. Que fait Kwamé en ce moment? Joy chasse cette idée. Kwamé et son arbre feuillu. Elle ne va tout de même pas penser à Kwamé.

Elle jette un coup d'œil rapide à la forêt,

des deux côtés de la route, avec ses flaques d'ombre et ses dentelles de lumière là où le soleil traverse les frondaisons vertes. Plus loin, il y a des cultures, des villages et la zone de bidonvilles qui entoure la plupart des agglomérations urbaines en Afrique. Et puis les rues larges de Kumasi, les immeubles élégants et la foule qui s'apprête à aller à l'église quand les cloches sonneront.

« Kumasi », annonce le chauffeur, qui est resté silencieux malgré tous les efforts des passagères pour le faire participer à leur conversation animée.

Il descend pour ouvrir l'arrière du camion.

« La gare routière de Kumasi. »

Quand le *Feuille sèche tombe* redémarre, les femmes disent « au revoir, Joy », et des paumes de mains claires s'agitent dans l'ombre du camion telles des fleurs dans le vent.

« Où est le tro-tro ? » demande Joy d'une voix si faible que personne ne l'entend.

Autour d'elle, les gens parlent twi et elle ne comprend que quelques mots courants, çà et là, tout le reste n'étant qu'un baragouin informe.

« Fille blanche, fille blanche ! »

Les sarcasmes de Manco, la claque sur le bras résonnent encore dans sa tête. Soudain, elle est prise de panique. Sa main serre l'alliance pendue autour de son cou, l'alliance de Margaret.

« Où est le tro-tro pour Krempepong? demande-t-elle d'une voix un peu plus forte.

— Là, là. »

Les gens montrent du doigt l'endroit demandé, en souriant sans manifester la moindre curiosité. Une jeune fille au teint clair en pagne ghanéen, il y en a beaucoup comme ça à Kumasi et dans les autres grandes villes où des Européens viennent pour des contrats de courte durée.

Une heure après, elle descend du tro-tro en clignant les yeux dans la lumière, puis elle quitte la route goudronnée pour la piste sablonneuse qui mène à Krempepong. Au loin, les battements d'un tam-tam s'égrènent dans l'air brûlant. Est-ce un message?

Il fait meilleur à l'ombre des arbres que dans la chaleur moite du bus. Pour éviter de se tordre les pieds dans les ornières profondes de la piste, Joy doit marcher sur le bas-côté, où l'herbe étouffe le bruit de ses sandales. Le village n'est pas loin. Déjà, elle entend des cris lointains et elle aperçoit de la fumée.

Soudain, les arbres se raréfient. Joy voit de l'eau qui miroite entre les troncs, le lac bleu saphir sous le soleil, et juste après, elle sort complètement de la forêt. Krempepong s'étend à ses pieds, dans une cuvette en bordure du lac. Elle reste immobile à observer ce spectacle. Une série d'enclos, des cases carrées à toit de métal et véranda sur le devant. Krempepong est plus grand et plus riche que Wanwangeri. Sur l'autre rive du lac, il y a d'autres cases, un autre village.

Joy entend un froissement, tout près. Elle tourne son regard vers les broussailles. Une jeune fille est là à genoux, une jeune fille en pagne bleu foncé qui écarquille les yeux.

« Peace? » demande Joy.

La jeune fille, tout étonnée, se lève sans rien dire.

« Peace, tu es Peace, c'est ça? »

La jeune fille s'enfuit à toutes jambes dans l'herbe et les broussailles en direction du lac et du sentier qui le longe. Elle disparaît bientôt entre les arbres.

Joy se remet en marche plus lentement. Est-ce que c'était vraiment Peace ? Elle n'en est pas sûre, après tout ce temps. Ou alors, Peace a peut-être une sœur. Quand elle approche du village, plusieurs petits garçons, enroulés dans des pagnes imprimés, viennent à sa rencontre en riant et courant, puis s'arrêtent net, soudain intimidés.

« Salutations, dit Joy en scrutant les visages. Yeo ? Vous connaissez mon petit frère Yeo ? »

Elle indique la taille de son frère avec la main. Les enfants la regardent sans répondre. Est-ce qu'ils ne la comprennent pas parce qu'elle parle mal le twi ?

« Yeo ? Yeo ? »

Ils secouent la tête. D'autres les ont rejoints maintenant, et ils rient, enhardis par la force du nombre.

« Ce village, c'est Krempepong ?

— Oui, oui, Krempepong Majeur.

— Yeo ? Vous savez où est mon frère Yeo ?

— Non, non, non. »

Les enfants secouent la tête, gambadent autour de Joy qui entre dans le village tel le joueur de flûte de Hamelin. Une voiture rouge est garée près de la palissade d'un enclos, le toit protégé par une natte. C'est un soulagement. Elle connaît cette voiture comme une vieille amie, sans l'avoir jamais vue. Elle n'a vu que les traces de pneus, des traces de pneus furieuses. Au moins, Efua est par là. Les battements du tam-tam sont plus forts maintenant.

« Salutations, Joy Kwatey-Jones. Bonne arrivée à Krempepong Majeur. »

Une femme est sortie d'un des enclos, une femme en pagne vert foncé, l'air calme et sérieux, les bras ornés de multiples bracelets d'or. Elle parle lentement, en twi.

« Je m'appelle Ya. Tu dois être fatiguée de ton voyage. Viens, je vais te donner à boire. »

Joy la suit de l'autre côté de la palissade, abandonnant là son escorte d'enfants. Sur toute la superficie de l'enclos, le sol est en ciment blanc, éclatant sous le soleil ardent. Ya conduit Joy vers une des plus grandes cases, agrémentée d'une large véranda sur le devant.

« Apporte-nous à boire », dit-elle en direction de l'entrée plongée dans l'ombre.

Joy et Ya s'assoient sur des tabourets. Un bruit de foufou pilé et des odeurs de cuisine viennent de derrière la case, alors qu'il est encore très tôt et que le soleil tape fort.

« Où sont Yeo, Peace et Efua ? demande Joy d'une voix saccadée.

— Yeo et Peace... » murmure Ya en articulant les mots comme si elle suçait des bonbons au goût déplaisant. Elle regarde du côté du lac, de petits points bleus visibles à travers la palissade en palmes.

« Efua est ma belle-mère... Il faut que je voie Efua, déclare Joy en anglais, d'une voix assez forte pour friser l'impolitesse. Je suis venue voir Efua et le bébé. J'ai un message pour Efua.

— Efua est ici », dit Ya en désignant une autre case.

Elle continue à parler twi, alors qu'elle comprend manifestement l'anglais.

« Demain, on sort l'enfant, demain tu pourras le voir. On prépare déjà le repas pour les nombreux invités à la cérémonie.

— Mais... je dois les voir avant. »

Joy se lève, gagnée par un sentiment de rage. Les battements de tam-tam ont cessé.

« Ce n'est pas la coutume, tranche Ya. Tu veux porter malheur à l'enfant ? Tu peux dormir dans ma case cette nuit. Demain, tu les verras, après la cérémonie.

— J'ai un message. (La voix de Joy résonne dans le silence de midi.) Il faut que je voie Efua… Il faut…

— Joy, ma fille ! »

Efua est debout à l'entrée d'une case, grande, belle, autoritaire, vêtue d'un pagne à motif de léopard enroulé sous les aisselles comme n'importe quelle femme du village.

« Laisse-la venir, Ya.

— Ce n'est pas la coutume », grommelle Ya. Joy court déjà sur le ciment blanc brûlant.

« Ces discours archaïques ! Ya n'est jamais sortie de son village », explique Efua.

Elle serre Joy dans ses bras, puis recule pour mieux la toiser, sourit. Joy regarde Efua. Les mêmes narines fières, les mêmes yeux de cornaline, et pourtant quelque chose de changé, une certaine douceur, pas seulement les formes plus rondes de son corps. Efua n'a plus son air éternellement mécontent, elle semble plus sereine, plus tendre.

« Le tam-tam m'a appris ton arrivée. Viens voir mon petit garçon. »

Joy la suit dans l'obscurité de la case, où le bébé dort dans un panier, emmailloté dans du tissu pagne bleu foncé.

« Superbe... joli joli fils... » murmure Joy en posant un doigt sur la minuscule volute de l'oreille.

« Il ressemble à Manté, hein ? » ajoute-t-elle.

Yeo est né à l'hôpital, lui. Il dort sur un oreiller brodé bleu, dans un lit à barreaux blanc, et il a des doubles rideaux ornés d'ours Paddington.

« Où est Yeo ?

— Oh ! Yeo, il est par là..., répond Efua avec des intonations qui ressemblent à celles de Ya. Quel enfant insupportable ! Un vrai Ashanti... (Elle sourit.) Il ne tient pas en place, il pleure toute la nuit. Le sang adehye est remuant, dit-on. Ici, il est à son affaire. L'air de Krempepong lui réussit. En plus... Un jour, mon frère sera chef de Krempepong, et Yeo est son héritier.

— Yeo ? Ton frère n'a pas d'enfant ?

— Mais si, voyons, répond Efua, un peu agacée. Il a plein d'enfants, mais un homme n'est jamais sûr que ses enfants sont bien à lui et qu'ils ont du sang adehye. C'est pour ça que la chefferie se transmet par la lignée féminine. Yeo a mon sang royal.

— Et Anan ? murmure Joy.

— Celui-là, ce bébé dodo dodo, ce bon garçon... » dit amoureusement Efua.

Elle soulève le bébé comme si elle ne pouvait pas supporter plus longtemps la séparation et l'installe sur son dos, chose qu'elle n'a jamais faite avec Yeo.

« On est restés seuls ensemble pendant sept jours, ce bébé et moi... le même silence que dans mon ventre... la même tranquillité... pour mieux faire connaissance, tous les deux. Je ne veux pas de ces hôpitaux, avec tout ce bruit et cette agitation. Oui, oui... je suis contente de te voir, Joy. »

Efua la serre à nouveau contre elle, puis la contemple en la tenant à bout de bras.

« Tu es la fille de Manté, c'est sûr, tu lui ressembles tellement. Raconte-moi ce qui se passe au-dehors. Je suis restée trop longtemps seule à Krempepong, seule dans cette case, mais demain c'est la sortie du bébé. Manté vient pour la cérémonie, il vient saluer son nouveau fils ga.

— Grand-Maman envoie sa bénédiction et ce grigri. »

Joy hésite. Elle ne voudrait pas risquer de tout gâcher, cette bonne entente avec Efua, mais Anan est quand même le but de sa visite.

« Elle dit... elle dit que le deuxième fils s'appelle toujours Anan dans notre famille.

— Ksss… Anan. (Efua se met à marcher de long en large dans la case.) Un prénom archaïque. J'ai pensé que Jerry… comme l'homme fort du pays. C'est une bonne chose, d'avoir le prénom d'un grand homme. Quand il y a un gros arbre, les petits lui grimpent dessus pour atteindre le soleil.

— Anan est très bien, comme prénom, insiste Joy. J'ai fait tout ce voyage pour te dire ça, "Anan". Il est bon de respecter la coutume, c'est Grand-Maman qui le dit, les barbares et les animaux n'ont pas de coutume.

— Serais-tu insolente ? »

Les yeux de cornaline légèrement teintés de rouge foudroient Joy.

« Pardon… pardon. »

Il y a un silence. Soudain, Efua renverse la tête en arrière et éclate de rire.

« Qu'est-ce que ça peut faire ? Va pour Anan. Anan Jerry, et moi, je l'appellerai Jerry. Ah, tu es une gentille fille, Joy, et je l'appellerai Anan rien que pour toi. Tu es jolie, aussi, une belle jeune femme avec ton pagne rouge et jaune… Ton père peut être fier de toi.

— Tu… je veux dire, est-ce que tu ne pourrais pas être un tout petit peu fière de moi, toi aussi ? »

13

« Yeo ? » chuchote Joy dans son demi-sommeil. Des maisons vides dans des rues désertes... La porte qui claque, et Manté est parti, Margaret est partie, Ruby est partie... Josué... « Yeo, où es-tu ? Anan... »

Joy a dormi cette nuit dans la même case que Ya et les autres femmes qui ont assisté à la naissance du bébé d'Efua. Maintenant, elle est seule. Une lumière blanche aveuglante emplit l'embrasure de la porte. Les autres nattes sont dehors, en plein soleil, et les femmes sont parties. La cérémonie de la sortie du bébé est pour aujourd'hui. Tout autour, les préparatifs ont commencé, des cris et des rires, des couteaux qui hachent sur du bois, les craquements du feu de brindilles. Des poules picorent dans la terre et des chiens rôdent dans les endroits où il pourrait y avoir à manger.

De l'autre côté de la palissade, un tam-tam parleur bat doucement. Que dit-il? Est-ce qu'il annonce la cérémonie ou l'arrivée de Manté? Comme elle regrette de ne pas savoir déchiffrer le tam-tam parleur, le cri de l'aigle, le coassement de la grenouille et le feulement du léopard. Est-ce parce qu'elle a du sang anglais qu'elle ne les comprend pas? Grand-Maman pourrait peut-être lui enseigner, ou peut-être que ça viendra tout seul, comme quand elle a appris à nager. Anan. Pour ça, au moins, elle a réussi. Le bébé recevra le nom d'Anan au cours de la cérémonie. Efua a été vraiment contente de la voir. Les belles-mères sont toujours méchantes dans les contes de fées chinois et anglais, a dit Maxine, mais ce n'est peut-être pas pareil dans les contes ghanéens.

« Salutations, Joy, bonjour. »

Ya est avec les anciennes devant le grenier à provisions. Elle supervise le découpage et la cuisson des aliments et porte déjà un élégant pagne bleu canard et beaucoup de bracelets en or pour signaler son importance, étant donné qu'elle a servi de matrone en la circonstance.

« Qu'est-ce que tu vas manger? Ton père arrive bientôt pour la cérémonie.

— Et Yeo? Il faut que je trouve Yeo. Apparemment, personne ne sait où il est, ni Peace. Ils ne peuvent pas s'évanouir dans les airs, tout de même. »

Joy a un petit rire gêné. Elle sait que cela ne se fait pas de parler comme ça, elle voit bien que les visages se sont fermés autour d'elle, exactement comme la veille au soir.

« Yeo..., murmurent les femmes. Yeo...

— Il est malade ou quoi?

— Toutes les questions ne sont pas bonnes à poser, répond sèchement Ya. Quand on est un visiteur, ce n'est pas poli de s'inquiéter pour ces choses.

— Je ne peux pas faire autrement. Yeo est mon frère, et mon père arrive aujourd'hui », explique Joy d'un ton exaspéré.

Elle regarde du côté de la case d'Efua. Inutile, on ne la laissera plus entrer.

« Il voudra ramener Yeo à la maison, ajoute-t-elle.

— Peut-être… »

Ya tourne les talons si brusquement que tous ses bracelets se mettent à tinter, et se dirige vers la case d'Efua. Joy suit des yeux la silhouette bleu canard, en se gardant bien de bouger. Il se passe quelque chose, mais quoi? Pourquoi ne veut-on pas le lui dire? Ce n'est peut-être pas poli de s'inquiéter pour ces choses quand on est un visiteur, mais ce n'est pas poli non plus d'inquiéter les visiteurs. D'ailleurs, elle n'est pas un visiteur. Elle est un seizième ashanti, et ce n'est pas sa faute si elle ne connaît pas les interdictions des Ashanti, ni si Yeo est son frère.

Joy met Lambkin dans son pagne et traverse le village pour aller vers le lac. Plusieurs enfants la rattrapent en courant.

De toute évidence, la culture du cacao est la principale activité de Krempepong Majeur. Les cacaoyers aux feuilles vert foncé encerclent le village. Il y en a même entre les cases situées sur le pourtour. Les grosses cabosses pendent, pratiquement prêtes pour la récolte.

« Joy, enfant de Manté... Salutations, Joy », disent les gens qu'elle rencontre à l'entrée des enclos et dans la cacaoyère.

« Tu es venue pour la sortie de ton frère? C'est bien.

— Oui, je suis venue pour la cérémonie. Mais où est Yeo, mon autre frère? Vous avez vu Yeo? »

Les visages se ferment, comme elle l'avait prévu, les têtes se balancent vaguement, les yeux se détournent. Personne ne veut le lui dire... lui dire quoi, au juste?

Quand elle arrive au bord du lac, une dizaine d'enfants l'accompagnent.

« Vous connaissez Yeo? Où est Yeo? Et Peace? » demande Joy en se retournant vers eux.

Les dix petits visages se ferment aussitôt. Les enfants se dispersent en groupes de deux ou trois et s'en vont comme ils étaient venus. Joy contemple l'étendue d'eau turquoise. On dirait un long ravier, bordé d'un liséré blanc, qu'un géant aurait laissé tomber au milieu des cacaoyers vert foncé et de la forêt d'un vert plus clair. Il y a des radeaux tirés au sec sur la rive, mais pas de pirogues. Bizarre, songe Joy.

En face, il y a un autre village, plus petit. Ce n'est pas loin. Elle a envie de traverser le lac.

Une brindille craque. Un petit garçon sort des buissons et regarde fixement Joy.

« Bonjour », chuchote-t-elle en se penchant vers l'oreille de l'enfant. Il est plus petit que Yeo, environ deux ans.

« Comment tu t'appelles ?

— Ayi.

— Ayi, c'est un joli nom. Tu connais Yeo ? Yeo et Peace, où sont-ils ? »

Le petit garçon l'observe d'un air solennel, puis lève un bras pour montrer le groupe de cases sur l'autre rive. Alors, Joy sait ce que le regard fuyant de Ya laissait deviner et ce que la fuite de Peace lui avait déjà appris.

« Qu'est-ce que tu veux, toi ? »

Un garçon beaucoup plus grand, en pagne rouge, approche sur le sentier. Il a posé la question en anglais, mais se met à parler en twi quand il gronde le petit enfant, qui baisse son bras levé, fond en larmes et se sauve.

« Pourquoi tu viens là ? » demande le garçon, méfiant.

En fait, il est plus grand que Joy, et un peu plus âgé.

« Pour rien. Je regardais les radeaux... Il y en a un qui est à toi? Je veux dire, est-ce que tu pourrais me conduire sur l'autre rive? »

Le garçon inspire brusquement, ouvre de grands yeux effarés.

« Pas possible... Les femmes, les filles, pas pour elles, le lac. Viens pas! Va-t'en!

— Comment ça, pas pour elles? interroge Joy, en se demandant s'il est bien convenable de s'indigner. Je sais pagayer, je sais nager...

— Pas possible..., répète farouchement le garçon, plus effrayé que jamais et vexé de ne pas mieux parler anglais. Le vieux, le lac, il aime pas la pirogue, il dit seulement des radeaux sur le lac.

— Pourquoi...

— C'est la coutume. Le lac, il aime pas la pirogue. Le poisson, il aime pas les femmes...

— Alors, comment est-ce que je vais traverser?

— Viens pas! Krempepong Mineur, pas pour toi. Va-t'en! » murmure le garçon.

Il s'éloigne en jetant un dernier regard anxieux à la surface lisse de l'eau.

Joy reste un instant immobile. Elle sait maintenant ce que tous les autres semblent savoir à Krempepong, mais ne veulent pas lui dire : Yeo est sur l'autre rive du lac. Elle sait également ce qu'elle a à faire. Si elle ne peut pas traverser le lac, elle va le contourner. Peace l'a fait, elle peut bien le faire aussi. La cérémonie de sortie du bébé doit commencer en début de soirée. Il faut retrouver Yeo avant. Elle s'avance sur le sentier blanc et dur.

Derrière elle, un tam-tam commence à battre. Que dit-il maintenant? Le cri de l'aigle, le coassement de la grenouille, ou raconte-t-il l'histoire du garçon au bord du lac? Est-ce qu'il l'a vue partir? Est-ce que quelqu'un l'a vue? Est-ce qu'on va essayer de l'empêcher d'y aller? Joy regarde par-dessus son épaule et hâte le pas. Il y a des traces dans le sable, les demi-empreintes de pas laissées par Peace quand elle courait, qui deviennent ensuite des empreintes entières quand elle a ralenti. Les cacoyers sont loin derrière à présent. Peu de gens viennent jusque-là, si loin du village, si loin dans la forêt. Les oiseaux poussent des cris stridents, mécontents de cette intrusion. Des lézards filent à toute allure et des serpents glissent discrètement, des verts et des noirs.

Le mamba vert est très venimeux. Joy attend qu'il ait disparu.

Il fait très chaud et le soleil est haut dans le ciel lorsqu'elle parvient sur la bande de terre marécageuse, au bord de la rivière qui alimente le lac. Elle a fait la moitié du chemin. Elle franchit la rivière d'un bond et s'assoit sur un arbre tombé pour se reposer un peu. Elle a terriblement soif. L'eau a l'air propre, mais Manté a parlé de la bilharziose, de la typhoïde, de l'onchocercose, et elle se gardera bien de la boire. Maintenant, elle voit les deux villages. La préparation du repas se poursuit à Krempepong Majeur, la fumée monte dans le ciel et les gens s'affairent. A Krempepong Mineur, il y a les mêmes cases carrées, à toit de tôle et murs de potopoto, autour d'un banian. Là aussi, des gens s'affairent, mais personne ne se presse dans les heures chaudes de la journée. A mi-chemin entre les deux villages, songe Joy. Telle une équilibriste, elle est aussi à mi-chemin entre le Ghana et l'Angleterre, le noir et le blanc, Grand-Maman et Mamie, Folkestone et Penfold, une société qui apprend aux filles à pagayer sur les lacs et une autre qui ne leur en laisse pas l'occasion. Un serpent d'eau se tortille à la surface du lac, puis plonge et disparaît. Joy s'essuie le visage avec un coin de son pagne et se remet en marche.

Il fait encore plus chaud quand elle approche de Krempepong Mineur. Le village semble presque abandonné. Après avoir fait trois kilomètres sous le soleil, elle marche lentement. L'eau scintille. Le sable lui brûle les pieds à travers les sandales. Un chien aboie quand elle arrive, un enfant vient à la porte d'une case, la regarde et se fond à nouveau dans l'obscurité.

Joy s'assoit à l'ombre du banian. Est-ce qu'ils savaient qu'elle venait? Est-ce que le tam-tam parleur les a avertis? Lentement, très lentement, des enfants sortent de leurs cases en chuchotant et viennent former un grand cercle autour d'elle.

« Bonjour, dit Joy.

— Bonjour.

— Lequel d'entre vous est Yeo? »

Il y a là une vingtaine d'enfants, avec une majorité de garçons. Au moins six ont le bon âge. Tous les enfants secouent la tête.

« Non, non, non… »

Ils regardent du côté des cases, comme pour chercher une confirmation.

« Vous connaissez Yeo ?

— Connais pas... connais pas... »

Joy, rapide comme le lézard, sort Lambkin de son pagne et le tient en l'air. Vingt paires d'yeux se fixent sur l'agneau de peluche blanche.

« Il est à moi ! dit en anglais un petit garçon qui se précipite vers Joy en tendant les deux mains. Lambkin, Lambkin... à moi.

— Yeo, tu es Yeo ! »

Joy lui met la peluche dans les bras. Les larmes lui piquent le fond des yeux. Elle voit bien que c'est Yeo, maintenant qu'elle le sait. Il ressemble tant à Efua, la courbe fière des narines, les yeux couleur de cornaline.

« Tu es mon frère Yeo.

— Non, non, non ! s'écrie Peace en courant vers Yeo pour lui arracher des mains Lambkin. On veut pas ça, pas ça. Ce garçon, c'est pas Yeo, c'est Kofi, Kofi. »

Yeo se met à crier.

« Arrête, dit Joy en s'emparant de Lambkin à son tour. Laisse-le, Peace ! »

Et c'est la bagarre. Deux jeunes filles aux

prises sous le soleil brûlant, qui s'empoignent, se tirent les cheveux, vocifèrent, s'arrachent les pagnes. Au milieu, Yeo qui hurle tant et plus. Des gens sortent de leurs cases et accourent vers les deux jeunes filles qui se battent. Des remontrances en twi, des claques, des mains qui les séparent. Peace parle, se défend. Tout le monde écoute. Les yeux vont de l'une à l'autre. Tout Krempepong Mineur écoute Peace et Joy ne comprend pas très bien.

On conduit Joy dans une case.

« Attends. Tu attends là, nous allons chercher le chef. Le chef sait ce qui est bien.

— Yeo est mon frère, répète inlassablement Joy. Je dois le ramener pour la sortie du bébé. Mon père vient…

— Attends. Tu attends. »

C'est une petite case carrée, différente des autres, avec son toit de paille très haut et sa grande fenêtre sans vitre qui donne sur le lac, des nattes et des tabourets pour s'asseoir et de l'eau à boire. Après, on lui apporte à manger, du riz froid enveloppé dans une feuille verte, du plantain grillé et une poignée d'arachides.

« Mon père vient, répète encore Joy, désespérée de voir le temps passer. Il va bientôt arriver pour la sortie du bébé, je dois ramener Yeo.

— Le chef ne se presse pas, disent calmement les gens. Le chef va bientôt régler le conflit.

— Mais la cérémonie… la sortie d'Anan…

— Tu n'as qu'à y aller. Laisse le garçon que tu appelles ton frère et vas-y. »

Joy ne peut pas y aller. Quitte à manquer la cérémonie, elle ne peut pas laisser Yeo à Krempepong Mineur maintenant qu'elle l'a retrouvé. Yeo est allé jouer aux petites autos avec les autres enfants sous le banian. Joy contemple le lac par la fenêtre, d'un bleu plus foncé à présent, car le soleil n'est plus au zénith. Elle regarde les radeaux sur la rive, de petits radeaux fabriqués avec des bouts de bois attachés par des lianes sur deux bidons de pétrole. De l'autre côté du lac, l'activité s'intensifie encore, des femmes entrent et sortent en courant de diverses cases. Au-dessus du village, là-bas au loin, elle aperçoit la route où elle est descendue du tro-tro, et la piste où elle a rencontré Peace. Il y a une voiture sur la piste, une voiture blanche recouverte d'une épaisse couche de poussière rouge, qui disparaît derrière les cacaoyers, réapparaît et arrive au village. Aussitôt, elle est entourée d'enfants qui sautent, rient, tendent la main pour toucher la carrosserie. On ne voit pas souvent des voitures à Krempepong. Son père descend, grand et digne, portant son kita à la manière d'une toge dont la soie brille au soleil.

« Manté ! »

Joy crie de toutes ses forces en sortant la tête par la fenêtre.

« Manté ! »

Sa voix ricoche sur l'eau tel un caillou lancé à toute vitesse. Il s'arrête un instant, tourne la tête et regarde de ce côté du lac.

« Manté ! »

L'appel de Joy domine le battement du tam-tam. Elle agite les deux bras. Mais Ya est venue accueillir Manté. Il avance, disparaît derrière une palissade d'enclos.

Joy se retourne en entendant un petit bruit derrière elle.

« Yeo ! »

L'enfant a manifestement entendu ses appels. Il se tient dans l'embrasure de la porte, indécis, Lambkin dans une main et, dans l'autre, un long bâton coiffé d'un couvercle de boîte de conserve, son « auto ».

Il vient de faire sa toilette. Son pagne rayé rouge et beige, noué derrière le cou, est tout neuf, pas encore décoloré par le soleil. Il est mieux habillé que les autres enfants. Au moins, Peace s'occupe de lui.

« Entre, Yeo, dit-elle en anglais. Je suis ta sœur Joy, tu sais bien. »

Yeo l'observe gravement, sans bouger. Elle essaie à nouveau en twi. Elle a envie de le serrer dans ses bras, de le câliner, ce petit garçon auquel elle a beaucoup pensé, pour qui elle a confectionné Lambkin, et qu'elle est venue chercher si loin. « Joy Jones, tu as un long chemin à faire. » Mais Yeo s'échappe de ses bras, peu amateur de câlins. Il lève vers elle un regard qui ressemble à celui d'Efua. Un regard ashanti infiniment farouche.

« Ma sœur, dit-il soudain en la montrant du doigt. J'ai vu la photo.

— C'est exact, répond Joy tout heureuse. Regarde Papa... là-bas. »

Il se laisse soulever jusqu'à la fenêtre, et regarde dans la direction qu'elle lui indique.

« Papa », dit-il en tendant le doigt lui aussi.

Il sourit, amusé par le spectacle de l'autre rive. Les gens se sont rassemblés au centre du village. Certains portent des kitas en soie, d'autres des pagnes tout neufs. Le féticheur est en blanc. Ils se dirigent tous vers l'enclos de Ya.

« Maman », murmure Yeo quand Efua sort de sa case, son bébé dans les bras.

Les gens chantent, versent des libations sur le sol, au nord, au sud, à l'est, à l'ouest, pour les ancêtres, les dieux du peuple ashanti, la famille du ciel que l'on remercie d'avoir laissé l'enfant revenir sur la terre et de l'avoir laissé rester, Anan Jerry, deuxième fils de Manté Kwatey-Jones. Les solennités s'achèvent. Les gens se massent autour de la mère, se passent le bébé de main en main. Le tam-tam recommence à battre.

« Le bébé, explique Joy, c'est ton petit frère Anan. »

Elle a assisté à la cérémonie tout en étant absente. Est-ce que Grand-Maman a déjà reçu le message? Est-ce qu'elle sait que le bébé a le bon prénom?

« Auto... » dit Yeo, qui veut redescendre.

Il sort en poussant son bâton par terre pour que le couvercle tourne comme une roue.

« Auto... »

Le soir commence à tomber et le lac est bleu encre quand le chef et son conseiller arrivent enfin. Le chef est un vieillard, petit et voûté, vêtu d'une peau de léopard. Il a un cercle de plaques d'or rondes autour de la tête, un autre autour du cou, des rubans d'or autour des genoux et des chevilles, où sont accrochées des clochettes qui tintent à chaque pas. Son conseiller se tient à côté de lui. Derrière, il y a deux jeunes hommes. L'un porte deux tabourets, l'autre tient un parasol rouge vif au-dessus du chef. Ils s'installent sous le banian. Joy est convoquée.

« Joy Kwatey-Jones, pourquoi es-tu venue déranger les nôtres à Krempepong Mineur ? demande sévèrement le conseiller.

— S'il vous plaît... »

Joy a les jambes qui flageolent. Elle les regarde tour à tour, sans trop savoir à qui elle doit s'adresser, pas sûre non plus d'avoir bien compris. Peace et Yeo sont debout à côté d'elle et le reste du village assis par terre derrière.

« S'il vous plaît, je suis venue chercher mon petit frère Yeo pour le ramener à la maison.

— Il reste ici ! s'écrie Peace.

— Silence, jeune fille, ordonne le conseiller. Ton père t'a envoyée chercher l'enfant ?

— Non, non, mon père vient juste d'arriver à Krempepong Majeur. (Elle fait un geste en direction du lac, violet foncé à présent, avec une grosse tache rouge là où le soleil se reflète.) Pour la cérémonie...

— Ton père... (Le chef parle anglais en avalant à moitié les mots. Il observe l'autre rive, où les lumières scintillent dans les arbres, tandis que le festin commence.) Ton père pourrait venir chercher l'enfant s'il le voulait, tu ne crois pas ?

— Oui, mais je pensais... »

La voix de Joy se brise. Le chef a un regard si pénétrant qu'elle n'a guère besoin de lui dire ce qu'elle pensait, puisqu'il le sait déjà.

« Écoute, Joy. Il vaut mieux que le garçon reste ici. Tu connais son lignage ?

— Je sais qu'il a du sang adehye.

— Oui, oui, du sang adehye, murmurent les gens du village, repérant un mot qu'ils connaissent dans une conversation pratiquement impossible à suivre pour eux.

— Du sang adehye en effet », approuve le chef en souriant fièrement.

Yeo se précipite en avant et continue à quatre pattes, tandis que Peace essaie en vain de le retenir.

« Laisse-le, dit le chef, en tenant Yeo contre lui. Yeo a mon sang, du sang royal. Dans ma jeunesse, on m'a envoyé dans une école célèbre en Angleterre, Clifton College, à cause de mon sang adehye. Mais voilà, on ne peut pas être à la fois évolué et adehye. Oui, oui… j'ai appris le grec, le latin, l'esprit d'équipe, les couleurs du drapeau, mon ami s'appelait Smithson junior et mon héros Smithson senior, mais j'avais oublié les usages de mon peuple. (Il secoue la tête tristement.) Pendant des années, après mon retour, je suis resté incapable de me rendre utile pour les miens, incapable… Mon neveu est le prochain chef, le fils de ma sœur. C'est ainsi dans notre tribu. Les femmes étant parfois traîtresses, il n'y a que le fils d'une sœur dont on soit sûr qu'il a le sang adehye. Mon neveu est évolué, c'est un pédiatre très respecté à Accra, mais les gens ont le cœur lourd, avec un chef absent.

— Oui, oui… un chef absent, ça fait de la peine, murmurent entre eux les gens du village.

— Tu m'entends, Joy ?

— Je t'entends. »

Joy reprend confiance. Sa voix est plus ferme maintenant. Il ne faut pas avoir peur des paroles, disait Margaret.

« Mais je ne suis pas obligée d'être d'accord. »

Un sifflement scandalisé parcourt l'assistance.

« Tais-toi, Joy Kwatey-Jones, ordonne sèchement le conseiller.

— Qu'elle parle ! dit le chef.

— Tout ce que je veux, c'est Yeo, ramener Yeo.

— Yeo, Yeo…, murmurent les gens du village.

— Yeo est le neveu de mon neveu, le fils de sa sœur, déclare le chef. Peut-être, je dis bien peut-être, vaut-il mieux qu'il reste ici, là où il a sa place. Il pourra aller à l'école à Kumasi, habiter quelque temps au palais de l'asantehene et apprendre la coutume comme le faisaient les anciens chefs. Peut-être que c'est cette éducation-là qu'il lui faut, à ce garçon, ce garçon ashanti remuant. (Il tire gentiment l'oreille de Yeo.) Sa mère le pense aussi.

— Mais son père… »

Joy a la gorge serrée. Tout lui échappe, la longue marche autour du lac, tout ce pour quoi elle est venue, Yeo.

« Mon père est ga, Yeo est à moitié ga.

— Je sais, je sais, ce sont des choses qui arrivent, hélas ! susurre le chef.

— Un enfant doit vivre avec ses parents, non ? C'est là qu'il a sa place.

— Qui peut le dire ? Si ses parents viennent le chercher, alors là, oui, l'enfant doit partir. Mais tu ne peux pas l'emmener, Joy. Qu'est-ce qu'une jeune fille à demi blanche venue d'un internat anglais connaît à ces choses ? »

Le chef tourne les yeux vers Krempepong Majeur, boule de lumière sur l'autre rive du lac, où l'on a commencé à danser au son du tam-tam.

« Un enfant appartient à sa famille, mais un chef appartient à son peuple. Il en a toujours été ainsi. »

14

Il fait presque nuit quand Joy se met en route sur le sentier du lac.

« Reste ici. Reste ici pour dormir, la nuit sera là bientôt, ont-ils proposé.

— Les fantômes sortent la nuit, a ajouté Peace, pleine d'attentions maintenant que le chef avait décidé en sa faveur, et soucieuse de se faire pardonner.

— Quels fantômes? » a demandé Joy.

Les fantômes naissent dans la tête des gens, a dit Miss Beale. Les fantômes, ça vient de la nervosité ou d'une indigestion, a dit Mamie, méprisante, ce qui ne l'empêche pas d'éviter les cimetières.

« Il faut que j'y aille », a affirmé Joy en regardant du côté du lac, violet foncé comme les redoutables ombres nocturnes sous le ciel obscurci, mais avec le sentier blanc encore bien visible.

Elle ne voulait pas rester si on ne lui laissait pas Yeo. C'est pour lui qu'elle est venue, après tout. Les festivités de la sortie du bébé se poursuivent, elles vont se poursuivre jusque tard dans la nuit. Les feux de Krempepong Majeur et les lampes pétromax accrochées aux arbres font un havre de lumière jaune qui l'attire comme un papillon de nuit. Les lumières de Krempepong Majeur chasseront les fantômes au moins jusqu'au lever de lune. De plus, elle doit rejoindre Manté aussi vite que possible. Tout lui raconter. A lui de voir s'il veut libérer Yeo. Aucune route ne mène à Krempepong Mineur, selon toute apparence, mais il doit bien y avoir un moyen d'accès. Manté sera pressé de retourner à son bureau. Elle doit aller le trouver avant qu'il ne parte et le ramener à Krempepong Mineur.

Joy marche vite au début, car elle veut faire le plus de chemin possible avant la nuit. Le sentier est bien dégagé, mais il y a de grandes zones sombres sous les arbres, des froissements, des craquements. Elle regarde fixement l'eau, dont la surface lisse est parfois rompue par le « floc ! » d'un poisson. De l'autre côté, le tam-tam et la danse continuent dans la tache de lumière jaune. Des questions tourbillonnent dans sa tête et son pas ralentit peu à peu. Imaginons qu'ils envoient Yeo quelque part immédiatement. Par exemple au palais de l'asantehene. Est-ce qu'elle n'a pas surpris un échange de regards éloquents entre le chef et son conseiller ? Et s'il n'y a pas de route pour aller à Krempepong Mineur ? Si Manté s'en va avant qu'elle ait fait le tour du lac ? Si Yeo ne revient jamais plus, on ne la grondera pas, mais elle lira les reproches dans leurs yeux, leurs yeux noirs et couleur de cornaline. Comment a-t-elle pu le laisser ? Voilà ce qu'ils vont demander.

Joy s'arrête pour regarder Krempepong Mineur. Une unique lampe pétromax est accrochée au banian. Elle aperçoit de vagues silhouettes au bord du lac. Certains regardent les danseurs, d'autres se déhanchent au rythme du tam-tam. A leurs pieds, les radeaux s'alignent sur le rivage.

C'est très long si on fait le tour, très court si on traverse.

La logique de tout ça devient évidente. Joy est bonne nageuse, elle a son brevet de secourisme et elle a fait un stage de canoë. Elle s'accroupit contre un arbre pour attendre. Attendre si longtemps que de petits animaux reprennent leurs activités dans le sous-bois et un serpent lui frôle un pied. Un groupe de danseurs se détache de Krempepong Mineur pour aller participer aux réjouissances. Ils avancent très vite sur le sentier, en évitant de se disperser. Ils parlent et rient. Comme ils ont les yeux fixés sur les lumières de l'autre rive, ils ne remarquent même pas Joy quand ils passent devant elle.

Joy reste là où elle est. Que va-t-elle faire? Elle ne le sait pas. Pas encore. Elle sait seulement qu'elle doit le faire. L'autonomie est le maître mot dans le nouveau Ghana, a dit Manté. La lune presque pleine se lève dans le ciel, dessinant une large route sur le lac, blanche et miroitante, entre les deux villages.

Elle attend toujours. Krempepong Mineur est plongé dans le silence. Il n'y a pas de lumière. Mais à Krempepong Majeur, la danse continue.

Joy se redresse sans bruit. Elle frotte ses jambes ankylosées, puis retourne vers le village endormi, tire le dernier radeau dans l'eau, lentement, prudemment. Un petit grattement, comme une allumette qu'on enflamme. Ça ne sert à rien de se presser. Il y a juste cette chose qu'elle doit faire, et on peut faire tout ce qu'on veut, disait Margaret, à condition de le vouloir suffisamment.

Joy patauge dans l'eau sombre en poussant le radeau devant elle, avec la vase molle qui pénètre entre ses orteils. Elle prend la pagaie, pose un pied sur le radeau, appuie de toutes ses forces sur l'autre pied, se retrouve à quatre pattes sur le bord, oscille et réussit à s'asseoir. « Oh ! » Le radeau continue à avancer, bascule dangereusement, se rééquilibre sur l'eau plus profonde. Il est à flot.

Joy scrute les environs. Est-ce que quelqu'un a entendu les clapotis ? Rien ne bouge dans Krempepong Mineur et les gens dansent toujours à Krempepong Majeur. Joy plonge la pagaie dans l'eau, oscille à nouveau et se dirige lentement vers le milieu du lac. Une bouffée d'exultation lui monte dans la gorge. Tout ce que l'on fait pour la première fois, il faut le faire tout seul. L'autonomie, personne ne peut vous aider. Comme la première fois qu'elle a nagé toute la longueur du bassin à Brixton, la première fois qu'elle a roulé sur la route à vélo, la première fois qu'elle a traversé la Wye en canoë et tout le monde a applaudi. Elle peut le faire, elle peut... Son enthousiasme se refroidit. La mise à flot du radeau n'est qu'un début. Une chose à la fois, répétait sans cesse le moniteur de canoë.

Elle pagaie lentement, en prenant bien soin de ne pas faire de bruit, jusqu'à la petite plage de Krempepong Mineur, déserte à cette heure. Elle tire le radeau pour le mettre à moitié hors de l'eau. Une chose à la fois. Rien ne bouge quand elle s'avance furtivement vers les cases, gris acier sous la lune, repérant du regard celle qui l'intéresse, la case où dorment Yeo et Peace.

Elle franchit le seuil et s'immobilise. Les pulsations de son cœur font un bruit assourdissant et pourtant elle entend la respiration calme de Yeo, par terre. Une chose à la fois. Quand ses yeux s'accoutument à l'obscurité, elle distingue les deux silhouettes, Yeo couché à côté de Peace, enroulé dans un pagne sombre sur la natte claire, et la petite tache blanche formée par Lambkin dans sa main. Elle se baisse, le prend dans ses bras en chuchotant doucement des paroles apaisantes. Il est plus lourd qu'elle ne l'avait pensé.

Dehors, le clair de lune semble plus lumineux, si lumineux que Joy cligne les yeux. Toujours avec Yeo dans les bras, elle marche en direction du lac, un peu penchée en avant, d'un pas leste.

« Yeo, tout va bien, Yeo », chuchote-t-elle constamment.

Il ne semble pas s'être réveillé. Elle défait son pagne, fait passer Yeo sur son dos, l'emmitoufle et serre bien pour le maintenir.

« Juste pour un petit moment, Yeo, tu seras mon bébé, hein, Yeo ? N'aie pas peur. »

L'eau est froide et soyeuse sur les pieds. Joy pousse le radeau. C'est alors que Yeo se réveille. Le sentant bouger, elle sursaute et tourne la tête. Il a le blanc des yeux agrandi par la frayeur, mais il ne dit rien. Pas maintenant. Est-ce qu'il croit qu'il rêve encore ?

« Tout va bien, Yeo. »

Au moment où elle prend appui sur un pied, une plainte s'élève du village, derrière elle.

« Yeo, Yeo, Yeo ! »

Suivent des vociférations. Joy se hisse sur le radeau, manque de tomber à la renverse avec le poids supplémentaire de Yeo. Elle s'aplatit sur le radeau pour attendre qu'il se stabilise. Au moment où elle commence à pagayer, Yeo se met à crier. Derrière, les gens vocifèrent toujours. Des lumières s'allument. Joy s'acharne sur la pagaie, tandis que Yeo pousse des cris interminables.

« Sois gentil, Yeo. Tout va bien, Yeo. »

La large allée blanche tracée par le clair de lune... Des pensées effroyables se pressent dans sa tête. Si elle chavire, pourra-t-elle nager avec Yeo sur son dos, Yeo qui ne cesse de crier, de crier et de cogner dans son dos avec ses petits poings serrés et Lambkin ?

Des lumières se déplacent dans Krempepong Mineur. Des gens courent vers la rive où Peace hurle :

« Yeo, Yeo ! »

Yeo crie de plus belle. Frénétique.

« Chut, Yeo, chut ! »

Joy se tourne pour le tapoter affectueusement. Le radeau balance.

« Ne pleure pas, ne pleure pas. »

Des larmes froides lui coulent sur les joues, à elle aussi. Quelqu'un tire un radeau dans l'eau.

« Ne pleure pas, ne pleure pas. »

L'autre radeau avance plus vite. Combien de temps leur faudra-t-il pour la rattraper? Que feront-ils alors? Que fera-t-elle? Joy pagaie avec l'énergie du désespoir. Sur la rive, une voix donne un ordre en twi, la voix du conseiller. Les bruits de l'autre pagaie cessent soudain. Le radeau reste sur place. Des voix maugréent dans l'obscurité. Le radeau fait demi-tour. Yeo se tait après un dernier hoquet.

« Tu es gentil, Yeo, mon petit frère », répète Joy, inlassablement, comme une mélopée. Autrefois, elle a entendu Peace chanter doucement pour le calmer.

A présent, elle est au beau milieu du lac pareil à du verre noir sous la lune. Qu'est-ce qu'il pense, le vieux, ce lac qui n'aime pas les filles ni les femmes, leur interdit de l'approcher?

Elle a les bras douloureux, les paumes des

mains cuisantes, mais elle est presque arrivée maintenant. Brusquement, elle se rend compte que la danse s'est interrompue à Krempepong Majeur. Les gens, massés sur la rive, regardent dans sa direction. Ils attendent. Sans un bruit.

« J'ai Yeo ! » annonce Joy en twi.

Sa voix ricoche sur l'eau, mais personne ne semble l'entendre. Elle est assez près pour les voir séparément sous la lune, Manté et Efua étincelants dans leurs kitas, Ya qui tient le petit Anan. Personne ne parle. Le radeau heurte la rive. Joy pose pied en titubant et défait son pagne. Les gens l'entourent, s'ébahissent, s'exclament, des mains prennent Yeo, l'emportent.

« Yeo, mon fils ! s'écrie Efua. Il va bien. »

Tout le monde s'éloigne du lac, tout le monde sauf Joy et Manté. Une fille désobéissante, c'est une affaire qui regarde avant tout le père. Après, le chef du village examinera la question de l'insulte au lac. Manté regarde Joy, longuement.

« Qu'est-ce qui t'a pris, ma fille ? chuchote-t-il. Le lac est profond, personne n'en connaît la profondeur, vous auriez pu vous noyer tous les deux.

— Comment ça, nous noyer ? » demande Joy, en se rebiffant.

N'a-t-elle pas son pagne rouge et jaune, symbole de la force de vie ? N'a-t-elle pas délivré Yeo, ne l'a-t-elle pas ramené, sain et sauf ?

« Je suis la meilleure de la classe en natation, la troisième de tout le collège. Et j'ai mon brevet de secourisme.

— Des filles qui passent le brevet de secourisme, c'est bon pour les Anglais, dit sombrement Manté. On n'est pas en Angleterre, Joy. A Krempepong, les filles ne vont pas dans l'eau. Le lac est sacré pour les Ashanti. Les femmes n'ont pas le droit d'y aller. Il en a toujours été ainsi. Tu as offensé les habitants de Krempepong qui t'ont accueillie gentiment. Tu n'as aucun respect pour les croyances des autres.

— Pardon. (A présent, ce sont des larmes brûlantes qui coulent sur les joues de Joy.) Pardon… Je croyais qu'ils ne rendraient jamais Yeo… qu'ils l'emmèneraient au palais de l'asantehene.

— Oui, oui, il y a beaucoup de choses que tu ne comprends pas, Joy. (Manté lui passe un bras autour des épaules.) Ne pleure pas, je t'en prie, remets de l'ordre dans tes pensées. Tu es une adulte pour les gens de Krempepong. Le chef et les anciens attendent que tu te présentes devant eux.

— Reste avec moi », supplie Joy, soudain effrayée et honteuse.

Elle lui prend la main tandis qu'ils se dirigent vers la case du chef.

« Bien sûr que je reste. Tu es ma fille, et jusqu'à ton mariage tes fautes sont les miennes. »

Des lampes pétromax sont accrochées le long de la véranda où le chef est assis, entouré des anciens. Joy le reconnaît. C'est le charpentier et constructeur de bateaux du village, qui est venu la saluer hier soir. Maintenant, il a quelque chose d'étrange, avec tous les ornements dorés de sa fonction. Les anciens, froids et distants, posent des regards farouches sur Joy. Elle détourne les yeux, contemple le sol, les jambes molles, prise de peur. Elle a eu peur sur le lac, mais pas comme ça.

« Joy Kwatey-Jones, tu as outragé la coutume, déclare le chef. Le lac est sacré pour tous les habitants de Krempepong, le lac est notre père nourricier. Il faut lui obéir. Aucune fille ni aucune femme n'a le droit d'aller sur l'eau. Il en a toujours été ainsi.

— Il en a toujours été ainsi, reprennent les anciens en hochant la tête.

— Ma fille est dans un internat en Angleterre, interrompt Manté. Elle ne parle pas bien le twi. Comment pourrait-elle connaître la coutume de Krempepong ?

— C'est un crime grave et l'ignorance n'excuse rien, poursuit le chef impassible. Le lac, notre père, a reçu un affront. Il ne nous donnera plus de poisson tant que nous ne l'aurons pas apaisé. Devons-nous mourir de faim à cause de cette Anglaise insensée ?

— Non, non, il faut noyer la fille, marmonnent les anciens. Il faut noyer la fille dans le lac.

— Jadis, on offrait une jeune fille au lac tous les ans.

— Il faut offrir Joy Kwatey-Jones au lac.

— Dis-leur que je demande pardon », chuchote Joy en tirant sur le kita de son père.

Elle ne comprend pas ce qu'ils disent, mais elle devine leur fureur. Pardon en Angleterre, pardon à Wanwangeri, pardon à Krempepong Majeur... Est-ce qu'elle va passer sa vie à demander pardon ?

« Peut-être… si tu leur disais que je suis moitié ga moitié anglaise… si tu leur disais que je ne savais pas… (Sa voix s'éteint sous le regard réprobateur du chef.) Pardon…

— Est-ce qu'elle comprend le mal qu'elle a fait ?

— Elle comprend maintenant, répond Manté. Elle regrette. Ce n'est pas sa faute si elle ne savait pas, mais la mienne, à cause de ma négligence… Le vieux, le lac, acceptera peut-être une libation. Je pourrais lui faire un don pour réparer le crime ? J'ai du whisky dans la voiture…

— Une libation, oui… du whisky…, marmonnent entre eux les anciens.

— Une libation, c'est la méthode moderne.

— La fille ne connaissait pas la coutume.

— La noyade, c'est la méthode ancienne.

— Il faut verser une libation sur la rive du lac et demander le pardon, déclare le chef sans se départir de son air sévère. Il faut aussi faire des offrandes pour se concilier l'esprit du lac qui a été offensé. Que peux-tu offrir, Joy ? Possèdes-tu quelque chose de précieux ? Tu dois faire un sacrifice.

— Un sacrifice, moi ? Je n'ai que… »

Elle les regarde à tour de rôle, sans trop savoir si elle a bien compris. Elle prend l'alliance en or pendue à son cou, l'alliance que Margaret avait donnée à Manté et que Manté a donnée à Joy quand elle avait onze ans, l'alliance qui ne l'a jamais quittée depuis lors.

« Est-ce que le vieux... est-ce qu'il aime l'or?

— Peut-être, dit le chef dont le visage exprime toujours le même mécontentement. Espérons seulement que l'or et le whisky l'apaiseront. »

Manté prend Joy par le bras. Quand ils se dirigent vers la rive du lac, des gens sortent de leurs cases pour les suivre à une certaine distance. La lune est très pâle, couverte d'un fin voile nuageux. Elle ne trace plus aucune route scintillante sur l'eau. La surface sombre est parfaitement immobile, mystérieuse, comme si le lac remâchait encore l'affront. De l'autre côté, il n'y a qu'une lumière, une lampe tenue à la main par quelqu'un qu'on ne voit pas. Joy se demande si c'est Peace qui est allée sur la rive.

« O le vieux, notre lac, notre père, accepte

cette offrande que nous te faisons », psalmodie le chef.

Il verse du whisky sur le sable, trois fois au nord, trois fois au sud, trois fois à l'est, trois fois à l'ouest. Chaque fois qu'il penche la bouteille, Joy entend le filet de whisky couler dans le sable, et elle sent la forte odeur maltée qui se répand dans la nuit.

« Pardonne cette jeune fille insensée qui a enfreint la coutume et parcouru ta surface sacrée. Elle ne devra jamais revenir à Krempepong, elle ne parlera jamais de son acte. Accepte cette bague en or pur, qu'elle te donne en sacrifice. »

Le chef balance l'alliance d'avant en arrière sur sa ficelle, puis la lance vers le lac. Elle décrit un arc de cercle avant de s'engloutir dans un petit clapotis.

« Fasse qu'il y ait beaucoup de poisson ! »

Joy se mord les lèvres.

« L'alliance, l'alliance de Margaret », murmure-t-elle.

Margaret n'est plus là, mais ses paroles et ses conceptions survivent à jamais dans le for intérieur de Joy. Elle n'a pas besoin de l'alliance pour les entendre. Et puis, Manté est à son côté, fort et vigoureux dans son kita, Manté qui l'a défendue.

Cette nuit-là, Joy dort d'un sommeil saccadé sur la natte, dans la case de Ya. Elle ne parvient pas à oublier l'indignation du chef. Des bruits de fête se mêlent à ses rêves d'alliances en or perdues, de poissons d'argent nageant dans la rivière et de jeune fille noyée. Le matin, elle se lève de bonne heure. Le lac bleu clair, couleur de myosotis, candide dans la lumière du jour, est parsemé de radeaux de pêche. Elle se tient à l'écart dans les arbres, pour attendre. Sa présence ne serait peut-être pas bienvenue au bord du lac.

Manté s'avance sur la rive, met ses mains en porte-voix sur sa bouche et demande impudemment :

« La pêche est bonne, mon ami?

— Oui, oui, meilleure qu'hier », répond l'homme qui manœuvre le radeau le plus proche.

Joy le rejoint en courant.

« Il vaut mieux partir tant que c'est encore possible, lui dit-il doucement. (Il lui passe un bras autour des épaules.) Avant que ma fille n'ait violé une autre coutume ancienne. Il faut savoir partir à temps, comme on dit.

— Mais je dois retourner à Wanwangeri. J'ai promis à Grand-Maman que je serais rentrée pour la pleine lune.

— Tu y seras. Nous allons tous à Wanwangeri. Ma mère verra le petit Anan et lui donnera sa bénédiction. »

15

Une heure après, ils quittent Krempepong Majeur dans la voiture de Manté.

« Au revoir et merci pour tout, merci. On revient chercher ma voiture le mois prochain », dit Efua en faisant des signes d'adieu.

Elle est assise à côté de Manté, avec Anan endormi dans ses bras. Joy et Yeo sont à l'arrière avec Mercy, une autre cousine d'Efua, choisie pour être la nouvelle nounou. Joy tient Yeo sur ses genoux. Il suce son pouce d'un air malheureux.

La voiture roule lentement sur la piste. Les gens de Krempepong font une haie d'honneur, agitant les mains et souriant, criant leurs adieux d'une voix forte. Apparemment, l'indignation de la nuit précédente est pardonnée et oubliée dans la lumière vive du jour. Des enfants sautent sur les portières, grimacent, courent à côté de la voiture qui cahote dans les ornières.

Juste au moment où ils arrivent à la route goudronnée, une jeune fille surgit des buissons.

« Je viens avec vous. Je rentre à Accra avec Yeo… S'il vous plaît, s'il vous plaît… je suis une bonne nounou, s'il vous plaît… »

Peace se met à courir pour rester à hauteur de la voiture. Manté ralentit.

« Qu'est-ce qu'on fait ? demande-t-il.

— Laisse-la venir », répond Efua.

Impossible de se tromper sur le cri de bonheur et le sourire radieux de Yeo, qui abandonne Joy pour se blottir contre Peace. Joy soupire. Par la vitre, elle regarde les rangées de cacaoyers et leurs cabosses jaunissantes, presque mûres… sa dernière vision de Krempepong. Les émotions de la nuit précédente ont disparu et son corps tout entier semble gagné par une profonde lassitude. Elle a l'impression qu'elle pourrait dormir cent ans. Est-ce que les clients des fumeries d'opium ressentent la même chose? Et la Belle au bois dormant?

Pendant un moment, elle voit le lac entre les arbres clairsemés, bleu comme les véroniques, brasillant sous le soleil. Un lac d'eau douce où les villageois pêchent, une étendue d'eau profonde, et c'est tout, la forêt devenue plus dense cache le lac de Krempepong et tout ce qu'il peut être ou a pu être d'autre au cours de la nuit. L'alliance en or de Margaret a disparu. Elle reposera à jamais au fond du lac. Joy soupire, tripote le grigri de Grand-Maman, tout ce qu'il lui reste autour du cou pour combattre son désarroi. « Joy Jones, tu as un long chemin à faire. » Mais où qu'elle aille, elle ne pourra jamais revenir à Krempepong.

Joy regarde les nuques devant elle, les cheveux courts de Manté et le mouchoir de tête d'Efua, deux nuques bien droites sur leurs cous vigoureux, qui ballottent un peu à cause des cahots, mais restent dressées comme les aiguilles de deux boussoles de marine. Ses deux parents, songe Joy. C'est une pensée qu'elle n'a jamais eue auparavant, mais Efua a changé depuis la naissance d'Anan, et Manté, son père, l'a sauvée. Qu'est-ce qui aurait pu se passer s'il n'avait pas été là ? Elle n'ose l'imaginer. A l'internat, les lettres de Manté arrivaient si rarement qu'elle se demandait parfois s'il ne l'oubliait pas ou s'il ne la trouvait pas encombrante et chère à entretenir. Manté était là quand elle a eu besoin de lui. Brusquement, Efua tourne la tête. Son sourire étincelle.

« Quel gentil bébé, Anan ! chuchote-t-elle. Il s'est déjà rendormi. »

Elle penche à nouveau la tête, tendrement, sur l'enfant qu'elle tient dans les bras. Yeo, serré contre Peace, ferme les yeux.

Joy est assise à côté de Mercy, qui n'était jamais montée en voiture. Raide et inquiète, elle a les yeux qui sautent d'un côté puis de l'autre telles des souris affolées. Peace reste silencieuse, les yeux baissés en signe de contrition, les deux bras autour de Yeo et Lambkin. Soudain, Yeo ouvre les yeux, jette un regard indigné sur Joy, et referme les paupières. Joy met la main dans son balluchon posé à terre. Cela fait plusieurs jours qu'elle n'a rien noté dans son journal.

28 août. « *J'ai failli me noyer dans le lac de Krempepong.* » Maintenant qu'elle est en sécurité dans la voiture, elle peut penser au lac, à sa terreur, à l'eau noire comme de la mélasse, au radeau qui basculait, à la lune frêle au-dessus, à Yeo qui hurlait comme dix chats égorgés.

En plus de la peur, il y a les questions lancinantes. Si elle n'était pas allée chercher Yeo, serait-il encore à Krempepong Mineur avec Peace ? Efua était d'accord pour l'y laisser, d'après le chef. Et Manté, était-il d'accord aussi ? Que sait-elle de Manté ? Que peut-on vraiment savoir sur les autres ? Partout, les traditions luttent avec le mode de vie moderne. Les anciens de Krempepong sont pour la tradition, les anciens de Krempepong qui voulaient la noyer. Six paires d'yeux posés sur elle, globuleux et fixes dans la lumière des lampes pétromax. Joy frissonne si fortement que Mercy se tourne vers elle, surprise. Comment pourra-t-elle jamais oublier les six paires d'yeux ? « *J'ai failli me noyer deux fois,* écrit-elle. *Je ne reviendrai jamais à Krempepong Ma-*

jeur. De toute façon, c'est interdit. Persona non grata. » Peut-être que le latin sert à quelque chose, en fin de compte.

Elle repart en voyage, et pas seulement entre Krempepong Majeur et Wanwangeri, puis Accra et enfin Heathrow en Angleterre. Ça, c'est le voyage dans l'espace. Mais il y a aussi le voyage dans le temps, car elle va quitter Krempepong Majeur et Wanwangeri encore à peine touchés par le XXe siècle, où la vie est restée telle qu'elle était cent ans plus tôt.

Ils sont déjà dans les faubourgs de Kumasi : des routes bordées d'arbres, des maisons blanches cernées par les cabanes des bidonvilles et les stands de nourriture toujours plus nombreux. Yeo enjambe Mercy pour revenir sur les genoux de Joy.

« Yeo », murmure-t-elle, en l'encerclant dans ses bras.

Elle sent sa chaleur à travers le pagne rouge et jaune. Une bouffée d'allégresse la prend par surprise, lui remplit les yeux de larmes. Avoir un bébé, c'est ce qu'il y a de plus merveilleux dans la vie, disait Margaret. Yeo est encore un bébé ou presque.

Yeo est aussi son frère. C'est pour lui

qu'elle est venue, qu'elle s'est fait chasser définitivement de Krempepong, qu'elle a risqué sa vie. Yeo, héritier du chef de Krempepong, petit roi. Peut-être qu'il aurait préféré rester là. Elle le serre contre elle et embrasse le sommet de son crâne frisé. Peut-être qu'il aurait mieux valu le laisser recevoir une éducation traditionnelle. Que va-t-il penser quand il sera grand ? Que voudra-t-il ? Et elle, Joy, que veut-elle ? Elle va rentrer maintenant, lancée inexorablement sur le tapis roulant qui mène à la Lodge School, au français, au latin, au basket, aux écriteaux dans le couloir, aux examens, aux tartines sur la table du goûter, aux énormes saladiers de confiture rouge. C'est elle qui s'est mise dans cette situation.

La voiture avance lentement sur la piste en terre qui va d'Akwapawa à Wanwangeri. Joy regarde les buissons et les arbres de chaque côté. Elle connaît tous les bosquets, toutes les branches. N'a-t-elle pas passé près de six mois ici il y a deux ans ? La nature n'a guère changé depuis. Même si Manté conduit lentement à cause des ornières, ça va plus vite que la marche après une journée au marché. La voiture double deux jeunes hommes qui se rabattent sur le côté de la piste. L'un d'eux lève la main pour saluer, et un large sourire lui fend le visage. Un virage, et ils ont disparu. Kwamé... Tout à coup, Joy sent son cœur battre si fort que Yeo doit l'entendre. Il va sûrement se réveiller.

Mais Yeo continue à dormir, comme il l'a fait pendant la majeure partie du trajet. Peace, appuyée contre Mercy, dort également. Seule Mercy, qui n'est jamais allée à plus d'une heure de marche de Krenpepong Majeur, garde les yeux grands ouverts.

« On est à Wanwangeri, c'est ça? demande Efua.

— Oui, on est arrivés », répond Manté d'une voix un peu hésitante.

Il n'est pas venu souvent et les nouvelles cases et palissades ont modifié l'aspect extérieur du village, même si la coutume n'a pas changé. De toute évidence, on les attendait. Grand-Maman, qui reste souvent dans sa case pendant plusieurs jours d'affilée, s'appuie sur sa canne à l'entrée de l'enclos. Ata et Esi sont derrière elle, ainsi que les enfants de l'enclos, lavés de frais, habillés comme pour l'école, les yeux brillants, un sourire timide aux lèvres. D'autres enfants accourent de tous les coins du village, sautant et bondissant, à l'affût de toutes les possibilités d'aventure, de tout ce qu'il y a de nouveau à voir.

« Mon fils est venu, déclare Grand-Maman d'une voix chevrotante. Onyame soit loué ! Mon fils est venu voir sa mère. »

Elle embrasse Manté en laissant couler des larmes sur ses joues ridées, mais elle le lâche presque aussitôt.

« Salutations, Efua, femme de Manté. Oh, voyons ce petit Anan ! Quel joli joli garçon ! Regarde, Esi ! Regarde, Ata ! Est-ce qu'il ne ressemble pas à son père ? »

Joy se tient un peu en retrait. Elle porte Yeo qui vient juste de se réveiller. Grand-Maman se tourne vers eux.

« Yeo... Le petit Yeo est venu aussi. Oui, oui, cet enfant ne tient pas de son père.

— Il tient de ma famille », dit Efua.

Yeo, encore somnolent, interrompt un bâillement pour dire en ga, langue qu'il n'a pas parlée depuis des semaines :

« Salutations, ma grand-mère, bonne santé et Onyame soit avec toi.

— C'est toi qui lui as appris ça, Joy ? demande Grand-Maman, ravie.

— C'est Peace », répond Joy.

Peace lève la tête quelques secondes, soudain montée en grade grâce à l'enfant bien élevé confié à sa garde.

« Son sang adehye se fait reconnaître, murmure Peace.

— Oui, oui, l'enfant parle bien et sait ce qu'il faut dire, commente Grand-Maman, qui feint de ne pas avoir entendu l'explication et se tourne vers Efua. Le crabe n'engendre pas un oiseau. Manté a toujours eu la bouche sucrée. Ce garçon ressemble plus à son père qu'il n'y paraît. »

Il y a d'autres cérémonies à accomplir, des libations à verser aux ancêtres et des remerciements à offrir à la famille du ciel au nord, au sud, à l'est et à l'ouest, car elle a permis à l'enfant, Anan, de venir au monde, d'y rester et de recevoir un nom. Quand tout est terminé, Grand-Maman s'assoit sur le tabouret devant sa case, avec Anan sur les genoux et les autres réunis autour d'elle. Un doigt noueux caresse doucement le visage du bébé. Elle semble lui accorder toute son attention, se dit

Joy. Pourtant, le regard de Grand-Maman se pose sur elle de temps en temps. Manté parle de son travail, de ses multiples obligations, toutes les raisons qui l'empêchent de venir plus souvent à Wanwangeri. Il doit ces explications, tout autant qu'il devait cette visite. Personne ne fait allusion à Krempepong, à la fugue d'Efua dans sa voiture rouge, ni à l'équipée de Joy sur le lac ou à son bannissement de Krempepong. Grand-Maman est toujours informée tôt ou tard par le tam-tam parleur.

« Où sont les enfants de mes sœurs? » demande Manté.

Comme il n'est pas venu depuis longtemps, on lui présente les enfants de l'enclos assis en un large cercle, l'un après l'autre par ordre d'âge. Manté parle à chacun d'eux, et donne à leurs mères, Esi et Ata, cinquante cédis par enfant pour les habits et les livres de classe. Cette concession à la coutume a dû faire l'objet d'un accord préalable, car Efua continue à sourire, tout en surveillant de près chaque transaction. Aujourd'hui, on dirait que tout le monde sourit dans l'enclos de Wanwangeri.

« Oui, oui, mon fils sait ce qu'il a à faire, au moins, remarque Grand-Maman en se balançant sur son tabouret. L'aigle qui grandit s'envole vers le ciel mais n'oublie pas son nid. Onyame soit loué pour m'avoir permis de vivre jusqu'à ce jour ! »

Le soleil monte encore et vers midi la chaleur devient intolérable. Après le repas, Joy emmène Yeo et Peace dans sa case. Yeo s'installe aussitôt sur le lit tout neuf que Taro a fabriqué pour Joy. Peace, qui n'aime pas beaucoup les lits, déroule la vieille natte et se couche.

Joy s'étend sur le lit, dans le sens inverse de Yeo qui dort déjà. C'est la dernière fois qu'elle se couche sur ce lit, songe-t-elle. Il y a eu beaucoup de dernières fois à la Lodge School, à la veille des vacances. Le dernier dîner, le dernier petit déjeuner, le dernier bol de chocolat, et des dernières fois plus personnelles, la dernière messe où elle a vu Martin, si tant est qu'il s'appelle Martin. Son regard erre dans la case et sur le toit de paille. Les mouches maçonnes ont fait d'autres nids sur les poteaux, des sortes d'igloos en boue. Les termites ont fait d'autres trous aussi. Dans combien de temps reviendra-t-elle dormir ici, et combien de trous de termites y aura-t-il alors?

Elle observe Yeo à travers ses orteils bruns. Le petit visage se contracte. A quoi rêve-t-il, ce drôle de petit garçon? Les enfants de l'enclos se soumettent à une discipline très stricte, et déjà Grand-Maman a regardé Yeo de travers quand il s'est servi dans la marmite sans attendre son tour. Moitié ga moitié ashanti, moitié adehye moitié omamba, pris entre la tradition et la modernité... est-ce que Yeo, comme elle, ne trouve sa vraie place nulle part? Une vague de tendresse lui met de la buée dans les yeux. L'enclos est silencieux. Tout le monde dort. Les enfants expulsés des cases en raison des visiteurs se sont couchés dans les flaques d'ombre, là où ils ont pu. Joy ne parvient pas à dormir. Comment se fait-il qu'elle sache que Grand-Maman ne dort pas non plus? Elle saute sur ses pieds et rajuste son pagne. Dehors, le soleil lui tape sur la tête à la façon d'une plaque en fonte brûlante. Ata et son fils dorment dans la fine bordure d'ombre du grenier à provisions.

« Grand-Maman? » chuchote Joy à l'entrée de la case, et les lanières de plastique frémissent sous son souffle, les rouge et bleu vifs déjà fanés par le soleil.

« Joy. »

Elle entre. Les lanières se remettent en place derrière elle, avec un léger chuintement. La natte de Grand-Maman est déroulée pour l'accueillir, mais elle est assise sur son tabouret, le menton appuyé sur sa canne, les yeux fixés dans le vide. Un petit sourire voltige sur ses lèvres. Est-ce qu'elle revoit les événements de la matinée ou d'autrefois? Est-ce qu'elle déchiffre le tam-tam parleur? Joy tend l'oreille, mais ne perçoit aucun bruit. Elle s'assoit sur le tabouret placé en face de Grand-Maman.

« Grand-Maman?

— Oui, oui, ma Joy, dit Grand-Maman en sortant de sa rêverie. Alors, tu es revenue auprès de moi?

— C'est la pleine lune, ce soir. J'avais promis.

— Tu reviendras toujours. Même si tu restes au loin pendant des lunes et des lunes, tu reviendras toujours, parce que ton cœur est ici, à Wanwangeri. Tu ne peux pas vivre sans ton cœur. »

Il y a dans sa voix une certitude presque arrogante qui agace Joy, jamais certaine de rien. Mais il y a de la tristesse, aussi, et de la résignation, parce que, malgré ses certitudes, Grand-Maman n'est pas du tout sûre d'être encore là pour voir le retour de Joy. Pendant un petit moment, toutes deux réfléchissent à ces choses et chacune sait à quoi l'autre pense.

« Reste ici maintenant, supplie tout à coup Grand-Maman. Tu auras une cacaoyère pour toi toute seule. Josué ne pourra pas rembourser. Reste ici et que le champ de Josué soit celui de Joy, prends Kwamé pour mari si tu en as envie. »

Joy cligne les paupières. Elle perçoit une lueur ardente dans les yeux de Grand-Maman, au fond de leurs orbites ridées. Pourtant, quelque chose l'attire ailleurs, comme cent fils de soie.

« Je ne peux pas, Grand-Maman. Un peu de mon cœur est en Angleterre, et je dois retourner en classe.

— Ksss, l'école ! Une femme adulte, qu'est-ce qu'elle a à faire à l'école ? Est-ce que l'école te donnera une cacaoyère pour toi toute seule ? »

Elles se dévisagent, unies et séparées par

un mélange très particulier d'amour et de quelque chose qui ressemble presque à de la haine.

« Une jeune femme qui a traversé le lac sacré de Krempepong, la seule femme qui ait traversé le lac de Krempepong et survécu pour en parler.

— Je n'en parle pas, murmure Joy qui incline le front. Je n'en parlerai jamais, j'ai promis.

— Tu nous fais honte à tous.

— Pardon. En tout cas, je dois m'en aller. »

Après un long silence, Grand-Maman soupire et se tourne pour fouiller dans un coffre en bois appuyé contre le mur de la case.

« J'ai quelque chose pour toi, dit-elle d'une voix éraillée en mettant un petit objet en bois dans la main de Joy.

— Qu'est-ce que c'est? demande Joy, qui s'approche de la porte pour observer l'objet à la lumière du jour. Oh! un lézard. »

Il est finement sculpté et ne pèse presque rien.

« C'est Taro qui l'a sculpté?

— Ce n'est pas... l'œuvre de Taro... Il est très ancien, explique lentement Grand-Maman en s'interrompant après chaque membre de

phrase. Ma grand-mère me l'a offert… il y a longtemps… »

Elle se tait. Sa tête bascule en avant et elle se met à respirer au rythme régulier du sommeil.

Joy serre le cadeau dans sa main. Qu'est-ce qu'elle pourrait offrir en échange ? Elle n'a plus rien à donner… sauf… Elle se glisse à travers les lanières de plastique et court dans sa case. Tous les cadeaux qu'elle avait achetés sont distribués depuis longtemps. Le poster de Bob Geldof est la seule chose précieuse qu'elle possède. Il y a plus de bonheur à donner qu'à recevoir, c'était le sujet d'un sermon du vicaire un dimanche. Elle décroche délicatement le poster et l'emporte.

« Un cadeau de ma grand-mère, dit Grand-Maman quand elle se réveille au bout de dix minutes, et reprend la conversation là où elle l'a laissée. Je te le donne.

— Et moi, je te donne ça, répond Joy en tendant le poster. Bob Geldof a créé le Band Aid et le Sport's Aid, il a apporté de la nourriture et des camions aux Éthiopiens qui mouraient de faim… aux Africains…

— Comment a-t-il fait ? demande Grand-

Maman en scrutant d'un air méfiant le visage photographié. Est-ce qu'il a un lorry comme moi ? Il est riche ? Il a un poste important au gouvernement ?

— Euh... non... euh... c'est de la magie », bafouille Joy, complètement désarçonnée.

Les doigts lui démangent tant elle a envie de reprendre le poster. Comment pourra-t-elle s'en passer ? Bien sûr, elle pourrait s'en procurer un autre, mais ce ne serait pas celui qu'elle a promené au Ghana avec elle. Dire adieu à Bob Geldof, c'est se séparer d'un ami formidable... ou même pire.

« De la magie ? C'est un féticheur, alors ?

— Pas vraiment...

— Oui, oui, mets-le sur le mur en face des cartes postales.

— Tous les mois, je t'enverrai une autre carte postale », déclare Joy en accrochant le poster à de petits clous plantés dans le mur.

Elle a les larmes aux yeux.

« Deux par mois, promis. »

Les églises anciennes des marais de Romney, les chatons sépia ornés d'un nœud rouge, les vues de Folkestone, quelles cartes postales plairaient à Bob Geldof ?

L'enclos s'éveille. La cuisine a commencé pour le repas du soir. Il faut encore manger, parler, échanger des nouvelles et des salutations avec les gens de Wanwangeri, faire admirer le bébé et dire les derniers adieux. Quand tout se termine, la nuit est là.

« Au revoir, ma mère », dit Manté en embrassant rapidement Grand-Maman avant de monter dans la voiture.

Efua et Anan sont déjà assis à l'avant, Peace, Mercy et Yeo à l'arrière.

« Onyame soit avec toi, mon fils.

— Au revoir, Grand-Maman », dit Joy.

Grand-Maman lui agrippe le bras.

« Tu restes encore un jour? » chuchote-t-elle.

Puis elle se tourne vers la voiture.

« Laissez Joy encore un jour ou deux. L'avion est dans quatre jours. Elle pourra prendre le lorry pour Accra. Elle a l'habitude de voyager. Sinon, je peux envoyer *Feuille sèche tombe* pour la transporter.

— Mais... » commence Joy, qui voudrait partir, et qui voudrait rester aussi.

La main de Grand-Maman lui serre le bras comme un garrot. Si elle ne part pas maintenant, elle sait qu'elle ne partira jamais, il y aura des retards et des empêchements jusqu'au moment où elle ne voudra plus partir, où elle ne pourra plus. Elle se rend compte que Grand-Maman le sait bien.

« Juste deux jours ? » demande Manté en les regardant l'une après l'autre d'un air sceptique.

Il a du mal à refuser quoi que ce soit à sa mère.

« C'est que... »

A l'arrière de la voiture, Yeo, dans les bras de Peace, se met à pleurer très fort.

Manté fait une petite grimace contrariée.

« Je crois qu'il vaut mieux que Joy vienne avec nous. Je ne l'ai pas beaucoup vue... pas assez.

— Au revoir, Grand-Maman. »

Joy se glisse bien vite sur la banquette arrière. Les pleurs de Yeo se transforment en petits hoquets paisibles quand elle le prend sur ses genoux. La voiture quitte le village. Joy se retourne pour faire des signes à travers la vitre arrière. Plusieurs silhouettes se découpent sur la lune ronde. Ata, Esi, Tawia et Kwamé, grand, robuste, qui lève les bras dans un dernier salut, sans sourire. Grand-Maman a déjà disparu.

La voiture traverse Akwapawa et prend la route principale en direction du sud. La forêt gris foncé sous la lune… Elle est rentrée à Wanwangeri pour la pleine lune, comme promis, songe-t-elle vaguement. Et elle est partie à la pleine lune. Quand reviendra-t-elle ? Yeo dort dans ses bras. Elle prend le cadeau de Grand-Maman dans la ceinture de son pagne et le tend à bout de bras pour qu'Efua et Manté puissent le voir à la lumière du tableau de bord.

« Regardez ! Un lézard, il est très ancien.

— Un caméléon, rectifie Manté. (Elle voit ses lèvres esquisser un sourire.) Oui, un caméléon. Le caméléon change de couleur en fonction de son environnement. C'est comme ça qu'il survit. »

16

La table est sortie sur la véranda, au 3, Hillside Estate, prête pour le dîner. Est-ce qu'il faut toujours dîner deux fois quand on voyage? se demande Joy. L'argenterie ouvragée jette des éclairs gris dans la lumière de la lampe. Le parquet du salon glisse dangereusement, là où John a fêté le retour à grand renfort de cire. Joy regarde son assiette à rayures vertes et pense à la tasse brisée, au dernier petit déjeuner d'Efua avant la fugue. Elle jette un regard furtif à Efua en se demandant si elle y pense aussi.

« Je suis content que Madame elle est rentrée, je suis content que la pitite elle est rentrée », dit John en posant le riz et le curry de poulet sur la table avec toute la solennité voulue.

Est-ce un poulet de l'opération « des fermes en ville »? se demande Joy. Elle ne veut pas poser la question. Elle ne veut pas savoir. En réalité, elle a faim.

« Joli joli garçon le nouveau pitit, Madame.

— Merci, John. Ça fait plaisir de rentrer à la maison. (Le sourire tranquille d'Efua confirme la transformation radicale survenue avec la naissance d'Anan.) La maison de Joy pour quelques jours… Bientôt, elle rentrera en Angleterre comme une coccinelle. (Efua pousse un grand soupir.) Tu vas nous manquer, Joy.

— C'est vrai? » marmonne Joy.

Elle s'interroge. Elle voudrait se réjouir de la nouvelle entente, de la nouvelle tendresse entre Efua et Manté, mais pendant le trajet en voiture, elle a surpris des sourires qui n'avaient aucun rapport avec elle, qui la tenaient à l'écart, et elle n'aime pas ça.

« Je ne suis pas encore partie, de toute façon. »

Pourrait-elle rester si elle en avait envie, s'ils en avaient envie? Imaginons que Manté le lui demande soudain, la supplie, lui trouve une place d'interne à l'Achimota School ou au lycée d'Aburi, elle verrait Yeo tous les week-ends, le petit Yeo, et Grand-Maman à toutes les vacances. Elle tourne la tête pour contempler l'obscurité en essayant de se figurer la situation. La véranda crée un îlot de lumière. Sur le bungalow voisin, les fenêtres sont devenues autant de carrés orange dans la nuit tiède. Elle entend des voix, des rires. Peut-être qu'elle fera connaissance avec les voisins américains, en fin de compte. La Lodge School lui manquera, évidemment. Maxine, Suzanne, Mamie et Papi de Penfold... Lettie. Est-ce qu'ils lui manqueront beaucoup?

« Encore quatre jours, dit son père en consultant sa montre. A quelle heure est ton avion, Joy? »

Il veut qu'elle parte?

« Oui, oui... on n'a pas eu le temps de se parler, remarque Efua. Joy ne m'a même pas dit quelles couleurs sont à la mode en ce moment, le dernier cri. Ici, on n'a que des vieilleries, la mode du marché noir à des prix d'arnaque. Oui, oui, notre caméléon de fille évoluée va bientôt s'en aller... »

Efua tourne la tête en entendant claquer les samaras de Mercy sur la véranda.

« Excusez-moi, Madame, le bébé, il pleure pleure.

— Oui, oui, ton fils a faim. Ton fils a tout le temps faim. Comme son père. »

Efua se lève de table en prenant son assiette de curry dans une main. Elle a un sourire taquin.

« Tel père, tel fils? dit Manté avec un grand rire de gorge. Le crabe n'engendre pas un oiseau.

— Qu'est-ce que c'est que ce discours archaïque? » réplique Efua, qui s'éloigne en roulant les hanches.

Manté se cale contre le dossier de son fauteuil.

« C'était différent avec Yeo, dit-il tout bas. Ces pleurs, ces nuits... l'enfant nourri au biberon est remuant, dit-on. Efua a repris le travail peu après l'accouchement. Yeo est encore très remuant. Et il pleure, il pleure...

— C'est peut-être le sang adehye, suggère Joy. Peut-être qu'il est plus sensible. Tu crois que j'aurais dû le laisser?

— Comment ça, le laisser? demande Manté en se tournant brusquement vers elle, le front plissé.

— Le laisser à Krempepong Mineur. Là-bas, il ne pleurait pas, il ne pleurait pas du tout. Peut-être qu'il aurait été mieux à Krempepong Mineur. Si je l'avais laissé sur l'autre rive du lac, tu serais allé le chercher?

— Bien sûr. Enfin... je l'aurais peut-être laissé un ou deux mois, pour la récolte du cacao. Il faut qu'un enfant connaisse toute sa famille, toutes les fêtes. Yeo appartient à deux mondes différents. Il doit les connaître tous les deux, l'ancien et le nouveau. Peace s'occupe bien de lui. Il est bon que Yeo apprenne les manières africaines, les traditions, les choses que je n'ai jamais apprises ou que j'ai vite oubliées. Un jour, il sera chef. Son oncle est le prochain chef, il est chirurgien au nouvel hôpital, ici. Abandonnera-t-il ses patients pour son village? Ou est-ce la population de Krempepong Mineur qui sera abandonnée? »

Il se taille une deuxième tranche d'ananas, la coupe en deux et mâchonne la pulpe jaune fibreuse.

« Tu crois que c'est mal? demande Joy.

— Bien ou mal, qui peut le dire? Ancien et nouveau, noir et blanc, économie rurale et technique occidentale... On doit tous apprendre à vivre dans plusieurs mondes à la fois. »

Il jette le trognon d'ananas par-dessus la murette de la véranda.

« Quelquefois, ces mondes sont inconciliables, Joy, ma fille. Cette énergie gaspillée, à vouloir concilier ce qui ne peut l'être... ça se solde par des déceptions, l'épuisement.

— Notre caméléon de fille, qu'est-ce qu'elle voulait dire par là, Efua? » demande Joy en plongeant son regard dans l'obscurité.

Et Grand-Maman, qu'est-ce qu'elle a voulu insinuer avec son cadeau? Que Joy est irrésolue, aussi changeante que le caméléon?

« Et Grand-Maman?

— Qui peut comprendre ta grand-mère? répond Manté d'une voix douce. Le caméléon est habile, il change de couleur pour s'assortir à son environnement, il est à l'abri. Oui, oui, on devrait tous être des caméléons, par les temps qui courent.

— Pas toi. Tu es déjà assorti.

— Comment ma fille peut-elle dire des

choses pareilles ? Je ne parle pas seulement de la couleur de peau. Ici, l'environnement change à toute vitesse et c'est difficile, très difficile. Le Ghana est un pays indépendant, oui, mais à présent, il faut se mettre à genoux devant d'autres maîtres, le plan de synergie commerciale, le grand nettoyage, la dévaluation quand les prix se multiplient par deux du jour au lendemain. Nous avons aussi de nouveaux dieux, la Banque mondiale et le Fonds monétaire international. Au lieu d'examiner les entrailles du bouc, on écoute ces nouveaux oracles. Oui, oui, on doit tous changer pour s'adapter au monde moderne. Autrefois, c'étaient les livres, le latin. Maintenant, c'est l'ordinateur... Il faut être changeant, adaptable. Sois changeante comme le caméléon, Joy !

— Mais quelqu'un comme moi... Je ne peux tout de même pas changer de couleur. Je n'ai ma place nulle part... nulle part, dit Joy avec un rire forcé qui ressemble plutôt à un sanglot. Tu parles d'un métissage !

— Ksss... Qu'est-ce que c'est que ces idioties archaïques ? Le métissage, c'est l'avenir. Le métissage, c'est magnifique, c'est une dynamique créatrice. Gagnant à tous les coups. Tout vient d'autre part, Joy, même nos célèbres matabiches. Ils sont arrivés avec les Portugais au XVIe siècle, "matar o bicho". James Bannerman, gouverneur de la Côte de l'Or, mère africaine, père européen, Bob Marley, Casely Hayford, même Jerry Rawlings. Le mélange donne quelque chose de neuf, des idées neuves, c'est de ça qu'on a besoin. Autrefois, il y avait les guerres, les luttes pour le territoire. A présent, ce n'est plus possible, ou alors aucun de nous ne survivra. On a besoin d'idées neuves, de nouvelles façons de faire, de résoudre les conflits. La faculté d'adaptation, c'est le plus précieux de tous les dons de la marraine fée. Sois adaptable, Joy, sois un caméléon !

— Mon cœur ne changera pas.

— Bien sûr que non. Le cœur ghanéen est vraiment formidable, le grand cœur ghanéen, et tu en as un bout, Joy, ton cœur sera toujours ici. »

2 septembre. « *Dernière nuit au Ghana.* » Joy, assise sur son lit, regarde à travers la moustiquaire qui ressemble à de la mousse-

line marron. Elle voit la lune déclinante, mais pas les étoiles. Le silence règne dans la maison. Efua dort, Manté est dans la bibliothèque. Au loin, un tam-tam bat. Un jour, elle saura déchiffrer le tam-tam parleur. « *Je suis un caméléon* », écrit-elle. Un caméléon est à l'aise n'importe où. Partout.

Sa valise trône sur la commode. Tout est rangé, sauf ses affaires pour la nuit, et le blazer et le jean posés sur la chaise. Jean et blazer, c'est une solution de compromis. Un caméléon doit faire des compromis.

A l'autre bout de la chambre, Yeo dort dans son petit lit blanc qui luit comme de la nacre au clair de lune. Peace a réussi à insérer son lit de camp entre les pieds du petit lit à barreaux. Le petit Yeo devra être un caméléon lui aussi, songe Joy, s'il doit faire des études et habiter à Hillside la moitié du temps, vivre à Krempepong le reste du temps, et apprendre le métier de chef.

« *Je vais regretter le Ghana, Yeo, Efua, Manté et Anan, et Grand-Maman, Ata, Tawia et tout le monde* », écrit-elle dans son journal. Certaines choses n'existeront plus. Par exemple le champ de Josué, à qui reviendra-t-il finalement? Joy soupire et glisse son journal dans la poche de son blazer.

« Vous pourriez nous conduire au portail tant que vous y êtes, dit Mamie. Juste devant la porte, voilà comment on doit servir les clients, ajoute-t-elle avec un petit rire qui indique à la fois sa gêne devant un tel luxe et son plaisir d'en avoir pour son argent.

— Vous avez bien raison », répond Frank Jarrett.

Le taxi avance avec précaution. La rue est presque submergée par le foisonnement estival des haies et les longues herbes de l'esplanade gazonnée.

« Ces voyages sont exténuants », soupire Mamie.

Elle se dirige vers la villa pendant que Papi paie le taxi.

« Et maintenant, il faut faire le dîner.

— Tu veux que je le fasse? propose Joy en posant sa valise dans le salon. Ça ne me dérange pas du tout.

— Non, non, ma chérie, tout est prêt. Je l'ai préparé ce matin avant de partir. J'en ai pour une minute à réchauffer la soupe. Remarque, tu n'auras pas de croûtons. Je n'ai pas la force de faire des croûtons à mon âge, pas après un si long voyage. Ne laisse pas ta valise ici pour que Papi aille encore trébucher! »

Joy monte l'escalier en colimaçon.

« Attention au mur! prévient Mamie. Ah! je t'ai lavé tes affaires de basket. »

Au milieu de la chambre mansardée, Joy touche le plafond avec les mains. Elle a grandi. Elle sort le caméléon de sa poche et le pose sur la coiffeuse. La maison, c'est là où est le caméléon, à partir de maintenant.

Le ciel est gris tourterelle et les marronniers le long du cimetière ont déjà du jaune sur le bord des feuilles du bas. Lettie doit être chez elle, en train de potasser dans sa chambre, ou de ne pas potasser dans sa chambre.

Sous la fenêtre, une cloche sonne, la cloche que Mamie a rapportée de Suisse.

« Le dîner est prêt », annonce Mamie au cas où Joy n'aurait pas compris.

« Tu sais, ce poinsettia que je t'ai donné, dit Joy après s'être assise à table, eh bien, ils en ont des sauvages au Ghana. Ils les appellent "sang ashanti".

— Une pure merveille, ce poinsettia, commente Papi. Le gamin a toujours l'agneau en peluche que tu lui as fabriqué?

— Il l'emmène partout. »

Une vision du lac de Krempepong lui traverse la tête, comme si elle avait allumé un téléviseur. Yeo agrippé à son cou, criant à tue-tête... Sa voix tremble quand elle ajoute :

« Il l'aime beaucoup.

— Curieux tout de même, remarque Mamie. Un enfant comme ça, en Afrique.

— Yeo et moi, on a le même esprit. Parce qu'un enfant hérite son esprit de son père.

— C'est une façon de voir les choses, commente Mamie.

— Et ta grand-mère, comment se porte-t-elle? Elle doit avoir un bel âge.

— Elle va bien. Elle dit que sa grand-mère était ashanti. En fait, elle voulait que je reste là-bas.

— Ma grand-mère était irlandaise, s'empresse de dire Papi.

— Rester? (Mamie pose sa cuiller à soupe et prend un morceau de pain.) Comment est-ce que tu aurais fait? Et tes examens blancs à la fin du trimestre? Tu lui as dit que tu étais deuxième de ta classe?

— Pas vraiment. Ça ne s'est pas présenté... De toute façon, elle voulait que j'abandonne les études. Je veux dire, elle allait me donner une cacaoyère si je restais. Elle m'a donné un champ pour moi toute seule la dernière fois, mais là, c'était le champ de Josué, il a emprunté de l'argent à Grand-Maman l'année dernière et il ne peut pas rembourser, alors il doit lui céder son champ, je veux dire, c'est une vraie propriété agricole comme on en a en Angleterre...

— Doux Jésus! s'exclame Mamie en ouvrant tout grands ses yeux bleus au-dessus du velouté de tomate. Qu'est-ce que tu ferais, avec une propriété agricole?

— Pauvre Josué, dit Papi. Perdre sa propriété comme ça.

— Oh!... c'est parce que je suis sa petite-fille et qu'elle voulait que je reste.

— De l'amour intéressé, diagnostique Mamie. Moi aussi, je suis ta grand-mère, et je suis contente que tu sois rentrée. Mais ne compte pas sur une cacaoyère ou je ne sais quoi, jeune fille. Tu dois passer tes examens et voler de tes propres ailes.

— Je sais. »

Dans le silence, Papi débarrasse les assiettes à soupe et les pose dans le passe-plat.

« Bien sûr, il y a des diplômes d'agriculture et tout ça, de nos jours, reprend Mamie. Tu as de la chance d'être bonne élève, Joy. Enfin, ton père était doué, il faut le reconnaître. Beaucoup de filles font de l'agriculture de nos jours. Il y a aussi les sciences éco. Quelle note tu as eue en maths? On devrait jeter un œil sur le guide des universités, ils l'ont à la bibliothèque municipale.

— Tu vas un peu vite, non? observe Papi. Notre Joy n'a que quatorze ans. C'est bien ça, quatorze ans, hein, Joy?

— A quatorze ans, on est adulte dans certains pays. Ma cousine Ana, elle s'est mariée à quatorze ans et elle a un bébé maintenant.

— Heum..., grommelle Mamie. Tu as d'autres choses à penser, crois-moi. Jambon ou langue? J'ai pris un beau morceau de langue chez le boucher, exprès.

— Jambon, s'il te plaît.

— Tu as fini ton livre, *Tess d'Urberville*?

— Pas tout à fait, répond Joy en croisant les doigts.

— Tu as demandé à Frank Jarrett d'être là à

dix heures pile ? C'est exténuant, ces voyages. Aujourd'hui Heathrow, demain Folkestone...

— Je peux y aller toute seule ? Je t'assure, ça ne me gêne pas.

— Elle a traversé la moitié du globe toute seule, plaide Papi en lui adressant un clin d'œil. Qu'est-ce que c'est, Folkestone, pour une grande voyageuse ?

— Peut-être bien, mais il n'est pas question de la laisser retourner au collège toute seule. Imagine qu'il arrive quelque chose... ces choses qu'on lit dans le journal... Je ne pourrais plus me regarder dans la glace si je la laissais partir toute seule. Je ne me pardonnerais jamais.

— Je crois que je vais me coucher. »

Dix minutes après, elle se couche, puis se soulève sur un coude. Sa tête palpite bizarrement et tout ce qu'elle regarde semble bouger. 2 septembre. « *Retour au Smithy Cottage. Mamie et Papi sont venus me chercher à Heathrow.* » Ses yeux parcourent la petite chambre aux murs blanc crème, les traces des gommes adhésives là où était Bob Geldof. Peut-être qu'elle pourrait accrocher son pagne sur ce mur, rouge et jaune, symbole de la force de vie.

La fenêtre paraît toute noire, quand la lumière est allumée à l'intérieur. Dehors, une chouette hulule. Il y a une chouette dans le cimetière, a dit Lettie. A travers les lattes du parquet, elle entend grincer le lit quand Mamie s'assoit et soupire :

« Quelle longue journée ! Il me tarde d'être dans mon lit ! »

« *Rien n'a changé* », écrit Joy. Mais non. En réalité, rien n'est tout à fait pareil qu'avant. « *En tout cas, Mamie n'a pas changé.* » Ça ne sert à rien d'essayer de changer les gens, disait Margaret. Pourquoi vouloir les changer? se demande Joy. Mamie continuera à dire les mêmes choses et à être comme elle est jusqu'à son dernier jour. Et jusqu'à son dernier jour, elle continuera à se démener pour Joy. Rien de ce que Joy pourra dire ou faire ne changera cet état de choses. Et c'est très bien comme ça, songe Joy. A Wanwangeri, on dit que celui qui traverse le fleuve ne doit pas offenser le caïman avant d'être de l'autre côté. Il y a tant de fleuves à traverser. « *Joy Jones, tu as un long chemin à faire.* »

Personne ne lui avait parlé de ses arrière-grands-parents blancs avant. « *Je suis un sei-*

zième ashanti, sept seizièmes ga, deux seizièmes irlandaise, deux seizièmes écossaise, un seizième galloise et trois seizièmes anglaise. » Une vraie métisse. Le métissage, c'est magnifique, a dit Manté. « *Rentrée des classes demain. Je vais peut-être écrire à Ruby.* » Joleen doit sûrement connaître l'adresse de Ruby. Elle obtient toujours ce qu'elle veut.

Joy est fatiguée. C'est peut-être à cause du décalage horaire qu'elle voit tout bouger. Sur le mur crème en face d'elle, là où était Bob Geldof, des images sautillent comme dans un film d'amateur, et persistent quand elle ferme les yeux, en se projetant sur l'intérieur des paupières. On appelle ça du rêve éveillé. Elle voit Hillside, Winnie de retour dans les chambres des boys, elle les voit et les entend presque rire. Winnie, Mercy, Peace, Yeo qui tient Lambkin et les regarde de ses yeux couleur de cornaline. Puis Wanwangeri, où Grand-Maman appuie la tête sur sa canne pour écouter Josué implorant, pourrait-il rester juste un an, elle hoche la tête en signe de consentement. Le marché d'Akwapawa, le lac de Krempepong où l'alliance en or de Margaret repose à jamais. Les images défilent en sautillant sur le mur, tous les gens qu'elle connaît, sa famille, les endroits où elle est allée. Et après, plus indistincts, aussi insaisissables que des pensées, des gens qu'elle ne connaît pas, des endroits où elle n'est jamais allée, une ronde d'enfants africains, neuf petits enfants. « Qui êtes-vous? » demande Joy en sortant de son rêve éveillé. Elle sait qui ils sont. Les endroits qui auraient pu exister, les bébés qui auraient pu exister et qui ne verront jamais le jour, ceux de Joy et Kwamé.

Elle ferme les yeux, mais les images ont disparu. « *Kwamé, c'est fini* », écrit-elle. Et elle referme son journal.

Manté a dit : « Tu reviens dans deux ans, Joy, ma fille. » Elle aura seize ans alors, et Yeo presque cinq. Elle ira à Wanwangeri, bien entendu, mais Kwamé sera marié depuis longtemps, il dansera au son du tam-tam sous la lune, d'autres enfants seront nés.

Au-dessous, elle entend grincer le lit. Mamie se couche.

« Quelle idée! dit-elle d'une voix pointue. Je ne te comprendrai jamais, Barty, même si je devais vivre cent ans. Laisser ta petite-fille faire ce long trajet toute seule… avec ce qu'on lit dans le journal… une fille de quatorze ans… une fille comme Joy. »

Joy éteint la lumière. Une lune presque pleine glisse dans le ciel noir du Kent. Est-ce qu'ils dansent sous la même lune, à Wanwangeri? « Je suis un caméléon », chuchote Joy avant de fermer les yeux.

Note du traducteur

Pour le langage, a été utilisé l'ouvrage du référence suivant :

Université des réseaux d'expression française (UREF), *Inventaire des particularités lexicales du français en Afrique noire,* 2e édition coordonnée par Danièle Racelle-Latin sous la direction scientifique de Willy Bal, Paris, EDICEF, 1988.

IMPRIMÉ EN FRANCE PAR BRODARD ET TAUPIN
Usine de La Flèche, 72200.
Dépôt légal Imp. : 6352S-5 – Edit : 4517.
32-10-0997-03-0 – ISBN : 2-01-021325-4.
Loi n° 49-956 du 16 juillet 1949 sur les publications destinées à la jeunesse.
Dépôt : septembre 1997.